現代日本人のための中国文化論

現代中国現象の歴史的文化的淵源

田宮　昌子 著

みやざき文庫156

はじめに

中国の歴史や文化を扱う書籍の多くが巻頭に「中国とは何か」を論じる文章を掲げます。本書でも様々な面を扱いながら、終始「中国とは何か」という問いを考え続けていくことになります。本書で数限りなく登場するこの〝中国〟とは何であるのか、この厄介な問いについては、本論の冒頭で述べることとして、まず本書を「はじめ」ることとしましょう。

本書は勤務校での「中国文化論」講義をもとにしたものです。講義では焦点は年ごとに異なりつつも、およそ本書に収めた事柄を扱ってきました。国際文化学科の一講義として、世界の多様な文化の中で、日本の伝統と現在、いずれについて考えるにしても無視できない〝中国〟という文化的存在について、全体像を俯瞰した上で幾つかの具体的な切り口から理解を深めることを趣旨としています。

日本にとって、〝中国〟は有史以来今日まで大きな存在であり、日本の社会と文化は殆ど全面的と言ってよいほど多方面に深い影響を受けて来ました。「和」「天皇」「元号」「きもの」「禅」など、今日の日本で「日本らしさ」の構成要素として認識されている事柄の多くが中国に起源を持ちます。その存在感と影響力にどう向き合うかは歴史上常に日本の課題でしたし、今日また新たに切実さを増してもいます。

本書でも、それぞれの関心を持って本書を手に取ってくださった（中国について専門ではない）一般的な現代日本人を対象として、日本と日本人にとって、巨大で重要で、それゆえに厄介な、この〝中国〟という文化的存在について、まず大まかな概観を得ると同時に、折々に挿入する具体的な切り口から理解と考察を深めて頂けることを企図しています。

構成としては、本書の主題である「現代中国現象の歴史的文化的淵源」を考えていくために、まず序論で中国世界の構造を見た上で、第一章で百年を一目盛りとして現代に至る経緯をつかみ、その上で、第二章では今日われわれが目の当たりにする現代中国の諸現象の背景にある伝統的基盤について、第三章では日本の社会と文化が中国のそれらとどのような関係を持ちながら今日に至るのかについて、最後に、第四章では日本であまり知られていない近現代中国に日本が与えた巨大な影響について、駆け足ではありますが見ていきます。

ところで、「現代中国の諸現象」と聞いて、読者の皆様にはそれぞれに脳裏に浮かぶ関心や疑問がおありではないでしょうか？　報道や情報媒体を賑わす話題は走馬灯のように移りゆくもの。読者の関心もその時どきによって具体的には異なるでしょう。とはいえ、日本から見る際の中国像には、近さと遠さ、親しみととっつきにくさ、興味と反感……そうしたある種、愛憎相半ばする通奏低音が流れていることはしばらく不変であろうと思います。

筆者は長年にわたり日本において中国の言語と文化について、学び、研究し、教授する中で、短いスパンで移りゆく話題とそこにあり続ける傾向の双方を見つめてきました。本書では後者に属する、日本が中国と持ってきた関係や日本にとっての中国の意味から来る、より長期的な傾向に軸足を置いていきたいと思います。それによって移りゆく話題にも包括的にお答えできるのではないかと思います。

なお、本書で述べる個々の事柄については、専門書や資料が世の中に既に豊富にあります。関心を持って頂いた個別の事柄については、巻末の参考文献リストもご参照頂き、本書がより奥深い世界に歩み入って頂くきっかけとなればと願います。

目次

——現代日本人のための中国文化論

現代日本人のための中国文化論

——現代中国現象の歴史的文化的淵源

序章　中国世界の構造

一、〝中国〟とは

「中国とは何か」は中国文化論における究極の関心事です。例えば、『中国史』『中国文学史』といったテキストを編纂する際、いつの時点からどの範囲に起こったことを「中国」の範疇に入れるのか、その時間的・地理的範囲を決定する基準となるのは何でしょうか。中国文化論の関心はこの〝Chineseness〟（「中国」を中国たらしめるもの）にあります。

「○○とは何か」と問うとき、まず私たちは辞書にその定義を探します。そこで、〝中国〟とは何かを考える手掛かりとして、まず辞書を引いてみることにしましょう。本書は日本語で叙述を進めていくため、まず日本の国語辞典『広辞苑』（一九九四年）を見てみると、「ちゅうごく［中国］」の見出しがあります。

東アジアの国。きわめて古い時代に黄河中流域に定住した漢民族の開いた国で、前一二世紀初めの殷末から歴史時代に入り、周から清までの諸王朝を経て、一九一二年共和政体の

中華民国が成立、四九年中華人民共和国が成立。

冒頭から疑問が浮かびます。東アジアの国と言うその「国」とは？ 「きわめて古い時代に」と、まるで「むかしむかし……」と昔話を語り出すようなこの大雑把な表現は？ 「漢民族の開いた国」と言うが、「漢」という呼称の起源となった漢王朝は紀元前三世紀末に始まるのに、それに遥かに先んじる古代王朝・夏殷周を開く「民族」に「漢」の語を冠するとは？ 更には、その中に周から清までの諸王朝のみならず、近代以降の中華民国、中華人民共和国までもがすっぽり入ることになる、その「国」とは一体何なのでしょうか？

とかく日本語は曖昧と言われます。では次に、何かと論理的な印象がある英語での定義を見てみましょう。手元の書架にある “The Oxford Encyclopedic English Dictionary” （一九九一年）で “China” を引くと、

a country in eastern Asia, the third-largest and most populous in the world; …Chinese civilization stretches back until at least the 3rd millennium BC, the country being ruled by a series of dynasties, including a Mongol one… until the Ch'ing (or Manchu) dynasty was overthrown by Sun Yat-sen in 1912. …

とあります。“a country in eastern Asia” という書き出しは先ほどの『広辞苑』を思わせます。続く、人口、首都、産業、資源といった情報は中華人民共和国の概況と思われます。それらが

一段落すると、“Chinese civilization”（中国文明）と主語を変えて、その起源が少なくとも紀元前三世紀に遡ると言っており、具体的な時代設定を行っています。“country”のみで“China”を説明しようとしない点は『広辞苑』とは異なります。しかし、すぐに“the country”に主語が戻って、それが“a series of dynasties”（諸王朝）によって統治されたと言い、辛亥革命後の中華民国や中華人民共和国をも“the country”を主語にして続けています。結局、「国」に古代王朝以来の諸王朝から近代の民国・共和国までを含める点は『広辞苑』と変わりません。

ここまで、日本・英語における定義を見てきて、ともに中国が伸び縮みするかのような混乱が目につきます。では、当の中国においてはどう定義されているでしょうか。中華人民共和国の国家プロジェクトとして編纂された『漢語大詞典』（上海辞書出版社、一九八六年）を見てみます（翻訳は筆者）。

①上古時代に我が国の華夏族が黄河流域に国を建て、天下の中心に位置すると考えて、中国と称し、周囲の地域を四方と呼んだ。後に広く中原地域を指した。②国家、朝廷のこと。③天子の都。④我が国の専称。⑤ガンジス河中流一帯の中印を指す。（後略）

右の②③は普通名詞に当たるため、ここでは除外すると、いま我々が捕まえようとしている「中国」に相当するのは①④と考えられますが、双方に登場する「我が国」は同一なのでしょうか？

まず、①では「上古」という歴史区分を用いる点で、『広辞苑』の「きわめて古い」より学術的なようですが、言っていることは実質的にはほぼ同じです。「華夏族」とするのも『広辞苑』が漢王朝が出現するより遥かに早い時代に「漢」の語を用いるより慎重なようですが、「我が国の華夏族」とは？　それが「国を建て」とは？　これまで見た日・英語の定義と同じ問題が出てきます。

次に、④「我が国の専称」には出例が二例付されています。一例目はアヘン戦争時に清朝の欽差《きんさ》大臣として国難に当たった林則徐によるイギリス国王宛の文書からの用例。二例目は中華人民共和国初代国家主席・毛沢東が中華民国初代総統・孫文を記念する文章からの用例です。こうして、④では、清朝・中華民国・中華人民共和国という、それぞれ革命や内戦で先んじる政体を倒して成立する関係である三者を「我が国」が包含しています。④の用例としてこの二例が選ばれているのは、「我が国」を個々の具体的な政体を包含する存在として定義するためと思われます。

ここまで日英中三言語の辞書における定義を見てきました。日英での定義はおよそ中国語定義の①と④を言っていることが分かります。そこには二つの「中国」が見えます。文化的存在としての「中国」と、政治的行政的単位の別称としての「中国」です。前者は後者の全てを包含しています。“The country was being ruled by a series of dynasties”（その国は諸王朝によって統治された）がそうであるし、「我が国の専称」としての「中国」を清朝・中華民国・中華人民共和国が共有するのがそうです。

この二者は混在しがちであるため、認識の混乱を招きがちです。「中国」が分かりにくい一因ですが、実は、同じことはスケールが異なっても日本にも言えることです。両者はここまで見た具体例が示すように、重なり合っており、必然的に混在します。両者にはまた、以上の具体例から見えるようにズレがあり、これが認識の混乱を引き起こします。

これから、本書では「中国」の語が数限りなく登場することになります。読者の皆さまには、その都度、今度のはこちらだな、今度はあちらかなと考えながら読み進めていただき、本書を読み終えた後も「中国」の語に遭遇するたびにそうした問いを楽しんでいただければと思います。

二、中国世界の中のふたつの世界

大前提として、人間も他の生き物と同じように生態系の一部であり、文化（人間の営み）の有り様は、その人間集団が〝生息〟する地域の気候や地形が形成する基盤の上に形作られ、その基盤が持つ特徴の影響を恩恵・制約の両面で直接的に受けます。ここではその側面を都市や住

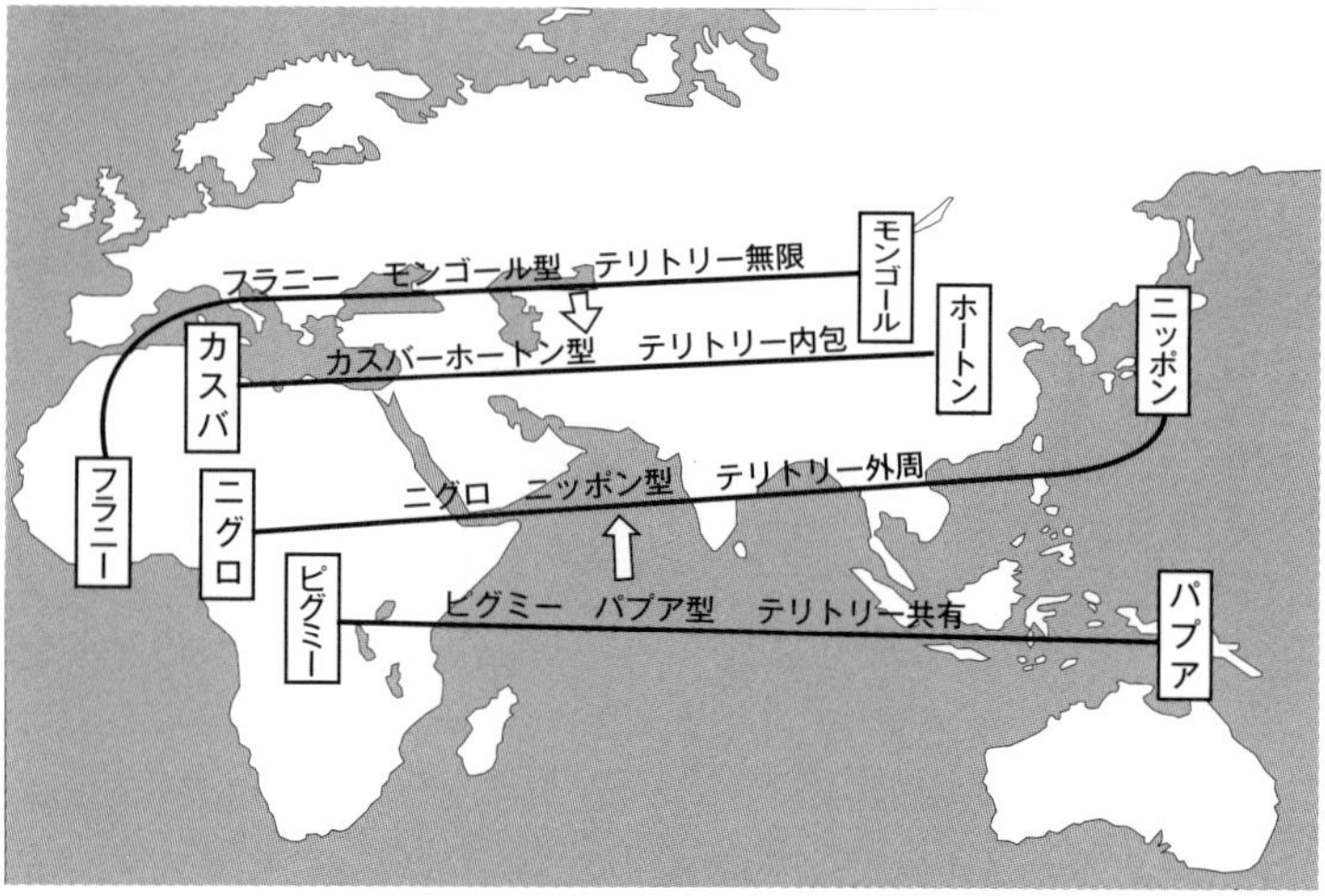

資料１　地形・気候と都市・住居様式の分布

居の形態を手掛かりとして見てみます。

(一)　内庭型と外庭型

まず、中国が位置するユーラシア大陸を俯瞰して眺めてみると（資料1）、中国北部から西南アジア、アフリカ北岸、地中海地域までユーラシア大陸の平原部に広がる「内庭型」の帯があります。平原という地形的特質と乾燥した気候から、この地帯の都市や建築物は「外に閉じて内に開く」構造を持ちます。都市は城壁を持ち、住居は四周に壁を持つ。外敵や乾燥を防ぐなどの必要からです。イスラム教のモスクで知られる回廊型建築様式やスペインのパティオ、中国の四合院（資料2）が代表例です。

一方、「外庭型」はいわゆるモンスーン地帯、東南アジアから中国南部を経て、西日本に至る帯上に分布しています。この地域は山岳や河川が多く、起伏に富み、比較的小地域に分断されます。海からの大気を受け、気候は湿潤です。この地域では、人々は山や川など自然の地形を防御に生かして集住できることから、都市は必ずしも城壁を構えず、建築物の構えは前庭を持ち、外に開く「外庭型」となり、敷地の境界を示す装置も堅牢さよりも通気を重視した生け垣などの形態を採る傾向があります。

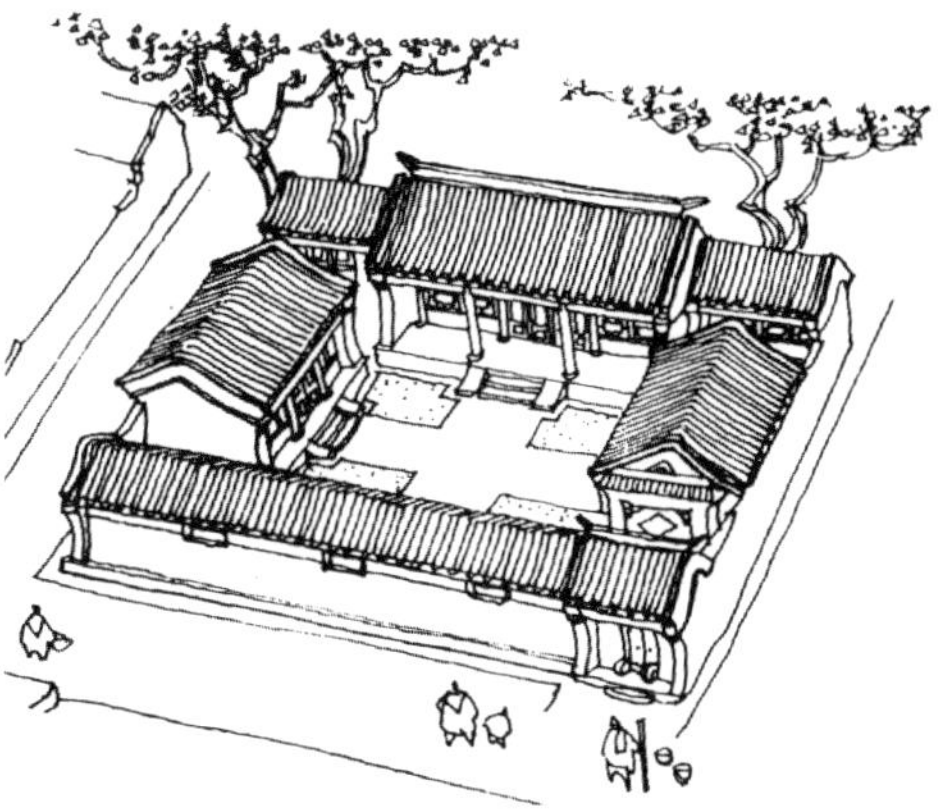

資料2　四合院（一進院）

㈡　南北中国——「南船北馬」

次に、中国内部を見てみます。「北方」「南方」は、長江を境界として中国領域をざっくりと二分する伝統的な二分法です。上述の二つの気候・地形帯と重なっており、南北それぞれで地形や気候を共有するため、生活の形態に以下に見るように共通項があり、また長江に二〇世紀に橋が架けられるまで（運河はあるものの）南北の往来には制約があったため、南北で異なる特徴が形成されてきました。

「南船北馬」（南は船で北は馬で移動する）は南北中国の特徴を象徴的に捉えた語です。「北馬」

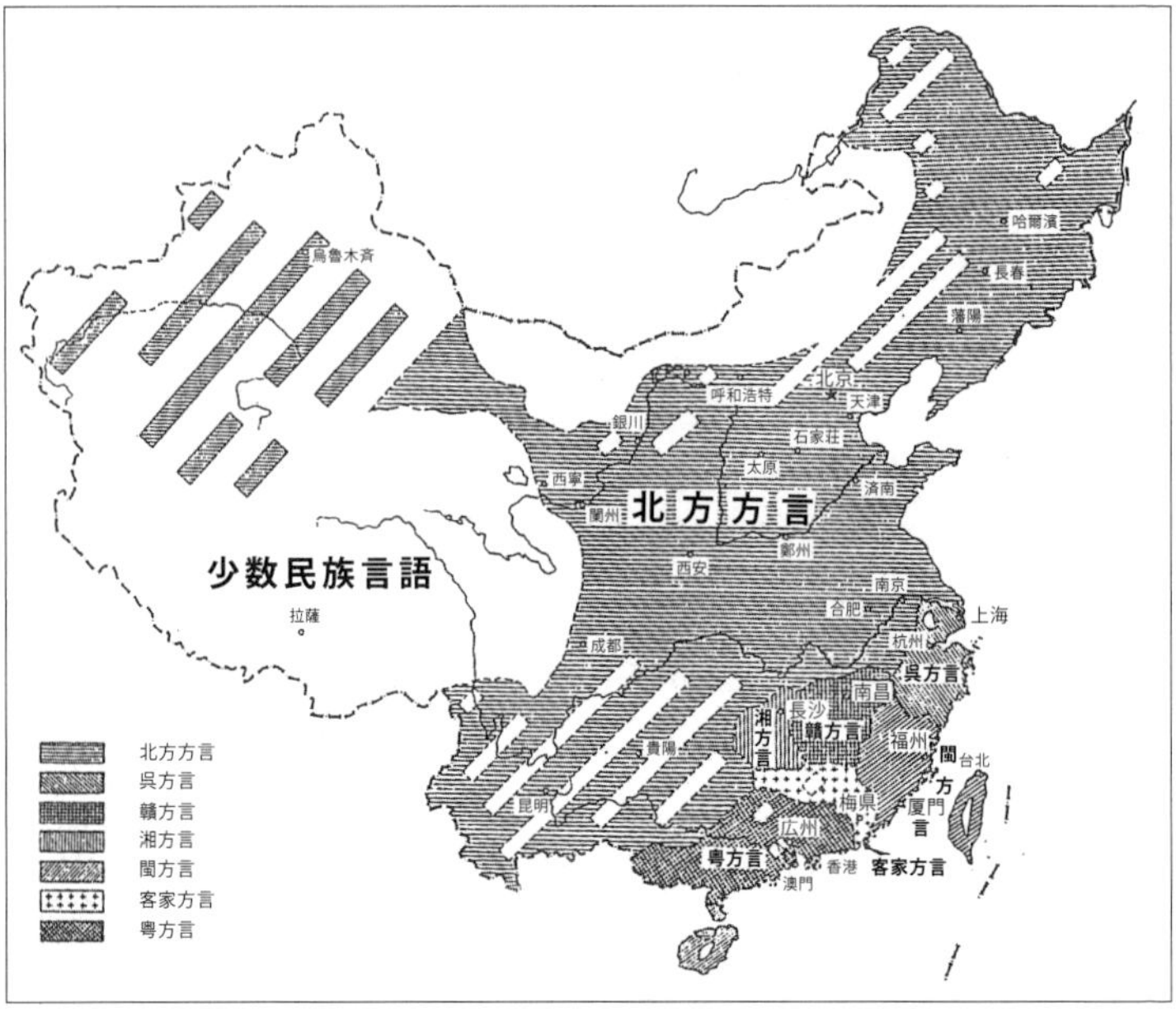

資料3　現代漢語分布図

と表現される北中国には乾燥した平原が広がります。「北馬」と言っても馬に乗るとは限らず、陸路が主要な移動・運送手段であったことを表しています。万里の長城外の草原世界との運送にはかつて駱駝が活躍しました。降雨量が少なく、稲作には適さないため、主食は伝統的には小麦や雑穀を用いた粉食でした。言語は、平原部の往来のしやすさから、広い領域で変化が共有されやすいため、「北方語」（北方方言〈běifāng fāngyán〉）が通行する範囲はほぼ「北方」の全領域に及んでいます（資料3）。この「北方語」が現代中国における共通語（普通話〈pǔtōng

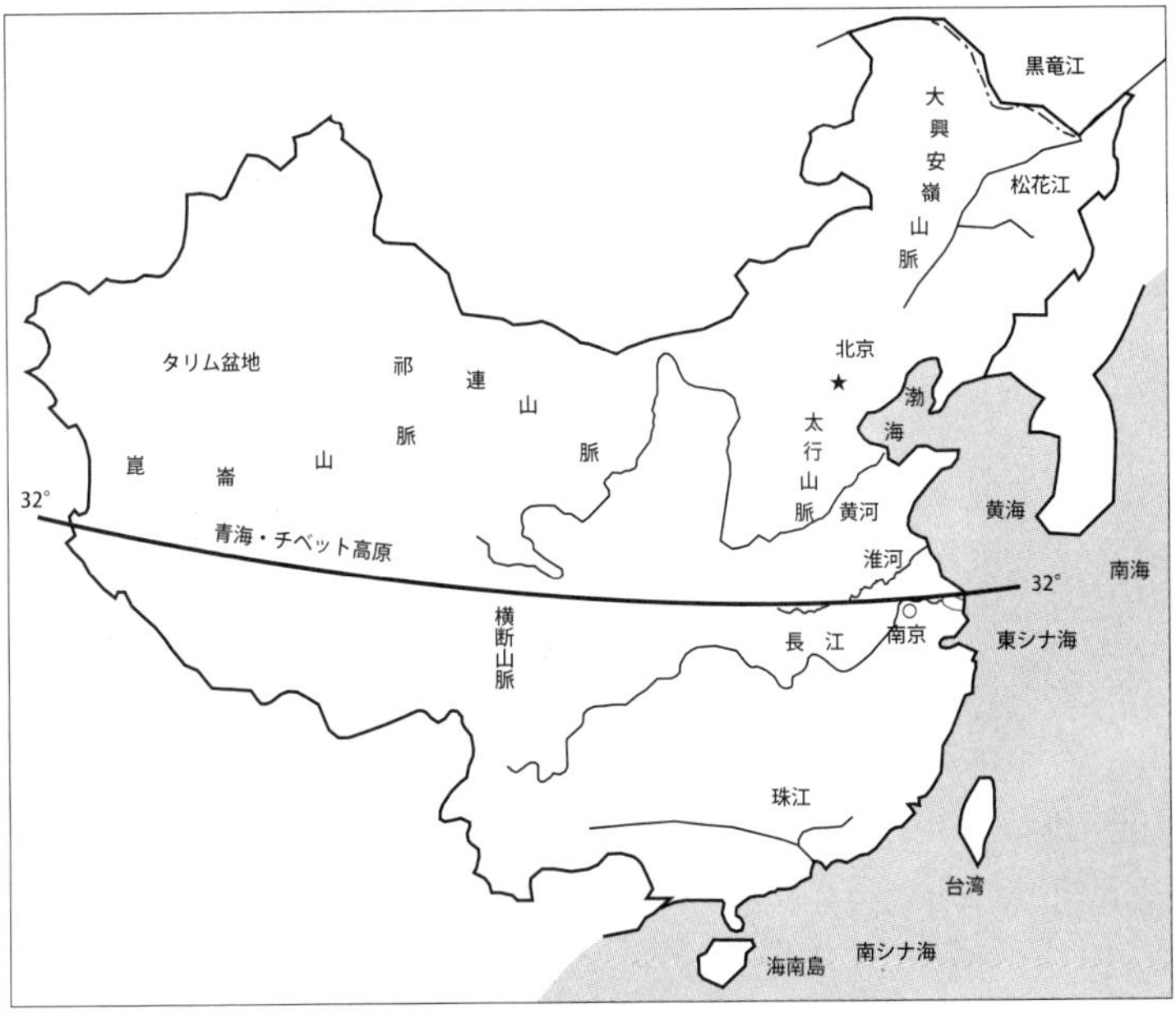

資料４　南北中国と北緯32度線

huà〉）の基盤となっています。

一方、「南船」と表現される南中国は、これも上述の気候・地形帯と重なっており、起伏に富み、降水量が多いことから、河川や湖が多くあります。「南船」とは水路が発達し、水運が重要な移動・運送手段であったことを表しています。この特徴は上記の気候帯に連なる東南アジアにも共通してみられます。降水量が多いことから稲作に適し、主食は伝統的には米食でした。言語は、起伏に富んだ地形と河川や湖によって人々の生活圏が小さく分断されるため、多くの地方語が生じています（資料3）。

このように、南北中国は北緯三三度で（この緯度により近いのは実は長江ではなく淮河《わいが》・資料4）、中国領域を面積の上でもほぼ南北に二分するだけでなく、対照的な地形・気候と、それらを基盤として異なる生業・食生活や言語の状況を持つ二つの世界となっています。その上に、次章「マクロヒストリー」で見る歴史上繰り返された人の移動の定型とが相まって、人とモノが盛んに動く二一世紀の今日でも、生活の諸形態、人々の外見や気質などに対照的な傾向が見られ、例えば、各種の粉食が発達して主食の種類が多い「北方」と、米食中心の一方でおかずの種類が豊富な「南方」、大柄でおおらか（大雑把？）な「北方人」、小柄で繊細な（細かい？）「南方人」など、「北方」「南方」、「北方人」「南方人」という二分法は実態と実感を伴う表現として今日も生きています。

(三) 儒と道

その他の「二つの世界」として、最後に「儒と道」に簡単に触れておきます（第二章第四節「悲憤慷慨の系譜」で改めて述べます）。

儒家と道家はともに春秋戦国期の諸子百家のうちの二派を源流とします。法家を採用した秦による天下統一後には儒家が弾圧され（焚書坑儒）、秦が滅亡して漢が成立すると秦の〝暴政〟の疲れを癒すように無為自然の道家が隆盛し、やがて帝国の体制を強化する段階に入ると、儒家が国教の地位を得ます。こうして儒と道はその後の中国文化史において、コインの両面のように、相反しながらもどちらか一方を欠くことができない二元一体の関係を形成していきます。その基本的な傾向は秩序・論理・倫理を重んじ、社会への関与を志向する儒家に対し、道家は秩序・論理・倫理を脱し（隠逸）、政治や世俗から距離を置こうとします。

この二者の二元一体的状況は社会・文化の諸領域に見られ、一人の個人においても公的領域と私的領域において棲《す》み分けられるようになります。時代の趨勢や個人の嗜好《しこう》はあるにしても、総じてコインの表面（公的領域）を占めるのは儒家、道家は裏面（私的領域）を占めますが、表裏それぞれの意義と影響力はどちらかが劣るものではなく、まさに「相反しながらもどちらか一方を欠くことができない」関係です。

第Ⅰ章　中国マクロヒストリー

——統一と分裂の反復、反復の中の変遷、変遷の中の継続性

「マクロヒストリー」とは、長い歴史の流れを俯瞰してみることで、個々の事象の背景にある大きな動きを見ようとするものです。中国の文化史は「悠久の」といった表現が枕言葉として定着しているように、その文字による記録が始まった時期が早いこと、したがって、今日に至るまでの経緯の記録が非常に長いことがその特徴です。人類の営みは太古から世界各地に存在し、発掘調査などによって地下から現れる遺跡や遺物によって知られることもありますが、それらから知り得ることは往々にして断片的で、その時代に生きた人々の主観を知ることも難しい。その点で、中国文化については、朝廷や王室の公的な記録とその背景を伝える逸話、民間に流布した民謡などの記録が日本の縄文時代に相当する周から残り始め、春秋戦国期には本格化し、漢代以降は体系化が進んでいきます。このため、膨大な情報量を前に途方に暮れてしまいそうになりますが、本章では百年を一日盛とする要領で、歴史の大きな動きを見ていきましょう。

有史以来、清朝の滅亡までの中国史は王朝や諸民族の興亡を経ながらも、文化的継承性が強く、ひとつの文化の総体の萌芽・祖型の形成・成熟が見えることから、概念の帝国として「中華帝国(1)」という語が用いられることもあります。序章で見たように、秦の〝中国〟統一(前二二一年)から清の滅亡(一九一一年)までの約二千年間、王朝の興亡にかかわらず、そこに一貫して〝何か〟が存在したとみる考えは広く見られ、中国史を扱う書籍や情報をこの意識で見てみれば皆さんも頷かれると思います。これを〝中華帝国〟史観などとも言いますが、そこにある〝何か〟とは、つまり序章で見た〝a series of dynasties〟(諸王朝)を包摂する〝the country〟のこと、実在の諸王朝の興亡を超えて連続性を見せる概念の帝国です。こう言うと何だか難しい話のようですが、日本についても、現時点から遡って歴史の経緯を見つめ、古墳時代も鎌倉時代も含めて日本史と捉えることにも通じます。

本章では、この概念の帝国「中華帝国」を「統治構造」の推移に着目して、以下の六期に分けて見ていきます。まず、その「統治構造」なるものを確認すると、頂点に世襲君主を頂き、それを支える中央集権、官僚制度、統治理念の三本の柱からなります。頂点に君臨する皇帝以外は、世襲による統治を排除しようとする動きを動力として形成されていきます。

1　中華帝国はごく短期間実在したことがあるが(一九一六年一〜三月。皇帝は袁世凱)、ここでは、中国史を俯瞰した際の概念上の帝国の名称として用いる。

前史　周　約八〇〇年（前一一C〜前二二一　春秋戦国約五〇〇年を含む）

なぜ最初に掲げるのに「第一」ではないのか。〝圏外〟であるなら、それでも言及するのはなぜか。それは主に以下の三点の理由からです。

まず、周の統治体制は世襲貴族による封建制を採っており、先に確認した「統治構造」の三本柱のうち二本を欠いています。一方で、三本柱の残る一本である統治理念の拠り所となる経典『詩』『書』『礼』『楽』『易』（五経）の内容が形成された時期であることから、政治的文化的に常に原点を示し続ける地位を保ちました。この観点から周王朝の理想化を行ったのが儒学の創成期の集大成者である孔子（前五五〇か五五一年〜前四七九年）です。更にもう一点、「中原」という、これも中国文化史上非常に重要な作用を持った概念の基盤が発生したことも前史として周を掲げる所以《ゆえん》です。「中原」とはもともと周の天子の都を中心とした地域（長安や洛陽が位置した黄河中流域）を指しましたが、後に地理的な拘束を離れて抽象化し、「中国の正統王朝が都する処」を意味するようにもなります。

第一次統一期　秦漢　約四〇〇年（前二二一〜紀元二二〇年）

漢は秦を倒して成立したわけですから、秦と漢は敵対関係に見えますが、秦と漢を併せて「秦漢帝国」と呼ぶこともあります。この二者をペアにして扱うのは、マクロヒストリーの視点からは一つの歴史段階を担っているためです。これ以降も、ある歴史段階を開いた短命王朝とそれを倒す形で成立しながらも、大事業に着手して力尽きた前者からバトンを引き継ぐように、時代的課題を継承した長命王朝とが一対となって、歴史の一段階を形成するパターンが繰り返し見られます。

では、「第一次」とは、「統一」とは、何なのでしょうか？　この時期に起こったこととして、以下五点を指摘できます。まず、第一に「初の〝天下〟統一」を成し遂げたこと。「天下」という概念については以下で改めて述べます。第二に「中央集権化」。周の封建制から郡県制への転換です。約二千年後になりますが、日本の明治維新における廃藩置県（領主の一族が世襲する領地から、任期を持った官僚によって統治される行政区へ）をイメージすると理解しやすいです。第三は「官僚制の登場」です。世襲階層による統治の終焉が始まります。始まりの時期は欧州と比べても非常に早いですが、逆説的に皇帝の一点に世襲は残り続け、王朝体制は二〇世紀まで続きます。第四は「儒学の国教化」ですが、これが起こるのは漢代です。儒家は戦国期には諸子百家のうちの一家であり、秦では「焚書坑儒」で知られるように弾圧されましたが、前漢武帝期に国教化され、統治理念の地位を得ます。統治理念というように、ここで言う「国教」の「教」は「おしえ」。学問」の意味です。第五は「度量衡や貨幣の統一」です。これは二〇世紀の欧州統合で各国の通貨を廃して、地域の共通通貨ユーロへの統合が行われたように、域内の政治経済の統合に不可欠です。

以上、主な五点を挙げましたが、こうして中華帝国の「祖型」が成立します。これにより中国文化史上に生じた現象としては、まずこの範囲が「中国」であるという中国領域の概念が発生します。「天下」とも表現されました。「天の下」となれば地球上全てかというと、初の「天下統一」を果たした秦の版図が基本で、ほぼ万里の長城で囲まれる範囲(2)に当たります。

「天下」観念＝中国領域の概念の成立によって、「征服王朝」の概念も発生します。「中国」の外から侵入し、中原(前述)を押さえて「中国」を統治した王朝という意味です。実は「秦漢帝国」以前の王朝交代においても外からの侵入と拡大という同じ動きがあったのですが、中国史上「征服王朝」の概念が適用されるのは「秦漢帝国」以降からの王朝に対してです。

そして、「天下」領域の成立は、「天下」の「統一」と「分裂」という概念を生じさせました。「統一王朝」とは、文字どおり「天下」を統一的に統治した王朝という意味です。やはり秦の版図と重なる範囲が基本で、この域内に統治権力が複数ある状態が「分裂」と認識されるようになります。『三国志』で知られる三国時代は魏・呉・蜀が天下を三分しつつ、それぞれに「天下統一」を目指した時代です。

こうして、「天下」観念は「復元力」をも生みます。前後四百年続いた漢王朝の後に三国が鼎立《ていりつ》した三国時代のように、「統一」王朝の崩壊の後に「天下」が「分裂」しているという意識が残り続け、「統一」を目指す動きがそれが達成されるまで続き（第一次分裂期の場合は約三七〇年間）、統一と分裂が反復する、その後の中国史の動きが始まります。第一帝国たる所以です。

こうして、秦・漢は、その政治的文化的隆盛から（文化的存在としての）「中国」を象徴する語になっていきます。「China」の語源が諸説ある中で「秦」（チン）は有力視される説です。また、「漢」は「漢字」「漢文化」「漢民族」など、まさに「中国」の代名詞となっています。

第一次分裂期　魏晋南北朝　約三七〇年（二二〇〜五八九年）

「秦漢帝国」の終焉の後、約三七〇年にわたり分裂期が続きます。要因としては、万里の長城の外に広がる遊牧騎馬世界の西北諸民族の動きが活発化したこと、こうした勢力を中国の内乱に兵力として活用したことが彼らの活動地域を中国世界に引き込んだこと等が指摘されます。この時期に進行したこととして、ここでは三点を述べます。

まず、南北それぞれにおける融合です。北朝の統治下となった、中原（前述）を中心とした長江以北の地域では、長城の外から入った遊牧騎馬文化と土着の農耕文化が融合していく一方、長江以南の南朝では、侵入してきた新勢力に押されて南下してきた、今風にいえば難民である

2　西南部には長城は築かれていないが、高い山脈が連なり、「天然の」長城となっている。万里の長城はその天然の長城の延長線上に秦の版図を囲む形で築かれた「人工の」長城と言える。

漢人が持ち込んだ農耕文化がその地の先住民の文化と融合します。

次に、この時期に正統王朝概念の理念化が進んだことが注目されます。すぐれた有徳の人物に天帝から地上を治めるよう使命が降りるという「天命」思想は、戦国期の『孟子』で一旦集大成されますが、この時期に理念化が進みます。それは、外界からの侵入勢力である征服王朝にとって、統治の正統性を血統や地縁から切り離すこの理念は自らの統治を正当化するのに好都合であったためと思われます。理念化とは、つまり抽象化が進むことで、それを生んだ具体的な環境や条件から離れ、異なる環境や条件にも当てはめることができるようになる。このことが中国文化の周辺地域への伝播に繋がることになります。

三点目は四百年に迫る長い分裂期の間、天下が「分裂」しているという意識が失われなかった、つまり「天下」観念が存続したこと。そして、再統一を迎えます。

第二次統一期　隋唐　約三三〇年（隋五八一年～三七年間、唐六一八年～二九〇年間）

隋唐の関係は、第一次統一期の秦漢に似て、大事業に着手した短命王朝とそれを倒して歴史的課題を引き継いだ長命王朝の組み合わせで、やはり「隋唐帝国」と併せ称されることがあります。

隋が直面した歴史的課題とは、まず、南北に分断されていた「天下」を統合すること。それを象徴するのが南北中国を縦に繋ぐ大運河を開設したことです。次に、中央集権を復活すること。そのために官僚制度の整備に取り組み、科挙制度が初めて導入されます。

隋の後を承けた唐は三百年という長命を誇り、漢王朝を凌ぐ隆盛を見せ、周辺域に中国文化圏を形成します。この時期に進行したことをマクロヒストリーの観点から二点指摘すると、まず、第一次分裂期に理念として抽象化された正統王朝の概念が今度は改めて官僚制や律令制など具体的な諸制度に落とし込まれ、整備されていきます。これらが周辺域に文明モデルとして伝播し、文明圏を形成することになります。もう一点は、中央アジアの遊牧諸民族を統治したこと。ここから中国王朝が多民族、多宗教の世界帝国の要素を持つようになります。また、唐の滅亡後に北方・西方遊牧諸民族の〝中国〟世界への関与をもたらすことになります。

第二次分裂・被征服期　五代十国・北宋・南宋・元　約五〇〇年（九〇七～一三六八年）

第二次分裂期は第一次よりぐんと長く、また被征服期という要素が加わります。まず、五代十国約五十年、北宋約百七十年には、唐末の乱による貴族（世襲）階層の没落を受けて、科挙制度の整備が進みます。約百六十年続いた南宋は、金に圧迫され、「正統王朝が都する処」とされてきた中原（前史・周参照）を喪失して長江南岸に逃れた王朝ですが、この間にそれまでは政治の中心から遠く離れた辺境であった江南地域の開発が進み、江南は中国随一の経済的文化的繁栄を謳歌する地域に育っていきます。
モンゴル草原から起こり、万里の長城を越えて「中国世界」を統治した元は征服王朝ということになります。先に確認した「天下」の範囲を統治したにもかかわらず、約百年という相対的に短い統治期間、その間に採った中華帝国の統治枠組とは異なる統治政策など、征服王朝としては、次に見る清朝と対照的です。中華帝国の正統の観点からは失敗した王朝のように見えますが、遊牧・農耕社会の別統治を堅持することに成功し、中国王朝としての「元」の滅亡後は元朝の帝室は故地であるモンゴル高原に退きます。

第三次統一期　明清　約五五〇年（明一三六八～一六四四、清一六四四～一九一一年）
これまでの統一期がひとつの歴史段階を担う短命王朝と長命王朝の組み合わせであったのに対し、今回はそれぞれ約三百年を誇る長命王朝の組み合わせです。この二王朝が併せ考えられるのは、やはり歴史段階の共有が見られるためで、ここまで見てきた中華帝国の統治枠組が完成・成熟し、やがて限界・衰退に向かっていく時期に当たります。この時期は今日の視点から見れば、近現代の在り方の大背景となっており、今日「伝統」と位置づけられる社会の諸相が形成され、同時に今日「問題」「課題」として残る諸現象が発生しています。
征服王朝を打倒して成立した明朝は、基調として復古的で、伝統回帰の傾向を指摘されます(3)。この場合、「伝統」の拠り所とされるのは第一帝国の秦漢ではなく、周王朝です。周がその後の中華帝国の文化規範の形成期であるとはこういうことです。

中国最後の王朝となった清朝は満州族が打ち立てた征服王朝です。清朝は万里の長城内の「天下」を統治しただけでなく、長城の外に広がる遊牧世界をも統治し、「蒙」(モンゴル)「回」(ウイグル)「蔵」(チベット)を中国世界に連れてくることとなり、史上最大版図を記録しました。漢世界を征服した王朝によって中国世界に組み込まれたウイグルとチベットは現代中国が抱える民族問題の二大震源地となっています。そして、アヘン戦争(一八四〇年)以降、西洋列強および日本との戦争や紛争の結果として、香港や台湾の租借・割譲を迫られ、ベトナム・朝鮮・琉球などの朝貢国を喪失し、清朝は崩壊に向かっていきます。

清朝の内部構造——**長城の内と外**

ここでは、先ほど述べた「近現代の在り方の大背景」となる、清朝を構成する二つの世界を見ていきます。二つの世界とは、ざっくり言って、万里の長城の内と外の世界です。長城の内は定住・農耕の世界です。この世界の首都は北京に置かれ、その中心の玉座に座るのは皇帝です。その同じ人間がもう一方の世界では「汗《ハーン》」を務め、首都は長城の外の草原地帯にある熱河

3　当然、基調から外れる現象もあり、鄭和による七回に及ぶ大航海は今日の中国政権の「一帯一路」政策のうち「一帯」構想の背景となっている。

にあります。こちらは遊牧や狩猟採集の世界です。二つの世界を抱え込む帝国はそれぞれに首都を持つ二都制を採っていました（資料5）。

清朝の内部構造〜二つの世界
長城**内**：直轄省…明を継承・漢文化（定住農耕）・「文」の世界
　首都：北京
　君主：「皇帝」（中国王朝の正統を継ぐ）
　統治：中国王朝統治枠組＋漢文化の踏襲・振興
長城**外**：藩部（蒙・回・蔵）＋満州…非漢文化（遊牧狩猟採集）・「武」の世界
　首都：熱河（現在は「承徳」と改称）
　首長：「汗《ハン》」（諸部族を統合する長）
　統治：従来の社会形態（部族社会）・言語・宗教・民俗習慣を維持温存

長城の内の世界は、清朝の行政区分では「直轄省」に当たり、これまで見てきた「中華帝国」の「天下」の範囲に相当する、万里の長城に囲まれた、定住・農耕の世界です。この世界

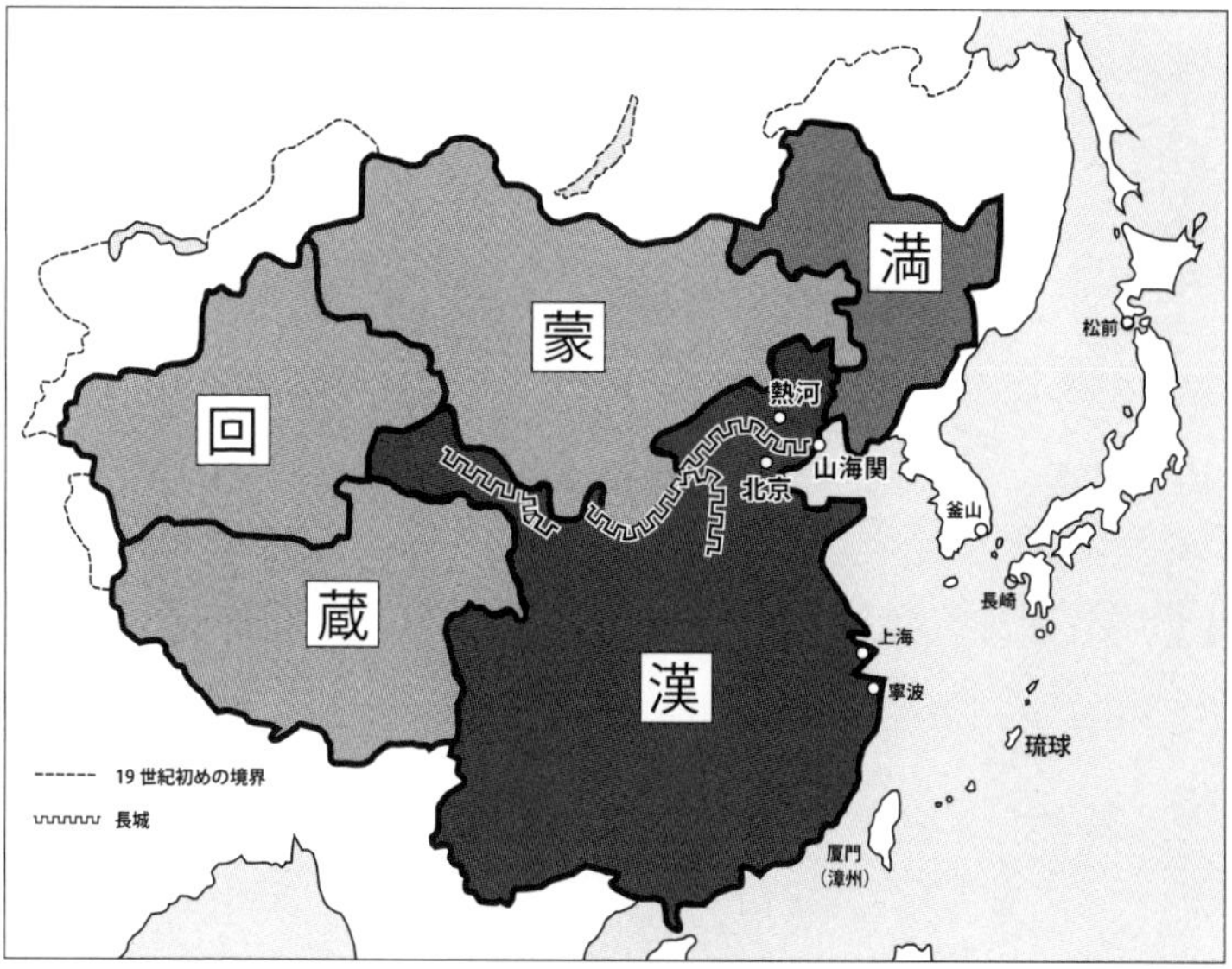

資料5　清朝の領域.

では、清朝は明朝の版図と制度をある種居抜きするように継承し、皇都・北京や皇宮・紫禁城をはじめとして、「中華帝国」の統治枠組および漢文化を踏襲しただけでなく、発展・振興に努め、『康熙字典』や『四庫全書』など、漢字により記録されてきた漢文化の蓄積を集大成する大文化事業を行っています。

長城の外の世界は、清朝の行政区分では「満州」と「藩部」から構成されています。「満州」は清朝皇室にとって出身地に当たる「故地」で、狩猟採集の世界です。「藩部」は清朝が支配下に置いた世界のうち長城の外の遊牧世界である「蒙」「回」「蔵」から成ります。こちらでもこの世界の部族社会の在り方を基本的に踏襲し、諸部族を統合する長である「汗」として君臨しました。こうして、清朝期に中国世界の領域は史上最大に拡大し、異なる気候風土、民族、言語、宗教を内包する多元的な様相を一層強めました。

※　　※

以上、二千年を超える経緯をマクロに眺めてみました。ここから見えることとして、まず否応なく目につくのは、統一と分裂の反復ですが、単純な反復、変化のない循環ではないことも明瞭です。中国世界はユーラシア大陸の東約三分の一を占めるひとつの〝世界〟であり、諸民族の興亡の舞台でした。以上に見たように、外界からの侵入によって中国領域は段階を追って拡大しているだけでなく、地理的拡大は内部世界の変容をもたらしています。中国世界に入った外来勢力はやがて中国世界の新たな構成要素となっていきますが、そこにあるのは単純な「漢化」ではなく融合であり、変容は外来勢力・在来社会の双方に起こっています。

このように、中国文化史を眺めると、血統的には一元的・単線の連続ではない一方で、文化的な連続性の強さ、系譜性の強さが際立った特徴です。この点については次章で見ますが、「中国」という世界、「中国人」という集団について、現時点での「国家」「国民」観念から一元的なもののように捉えてしまうと、歴史的実態とは大いに異なってしまいます。

第Ⅱ章　漢　文　化——漢字を成立基盤とする文化世界

前章で見たように、有史以来、清朝の滅亡までの中国史は王朝や諸民族の興亡を経ながらも、文化的継承性が強く、ひとつの文化の総体の萌芽に始まり、祖型が形成され、成熟に向かう軌跡が見えることから、その流れの中に概念の帝国の存在を見て「中華帝国」と呼ぶこともあります。「マクロヒストリー」では統治構造を手掛かりに見ましたが、実はこの軌跡は清朝崩壊で終わらず、宇宙時代に入った二一世紀の今日にまで続いているようにも見えます。そこにあるものは何か、本章ではこの点を見ていきたいと思います。

一、漢字に結ばれる集団とその集団の営みの総体としての文化

漢　字

漢字の最も古い現物史料は殷の甲骨文ですが、解読の結果、甲骨文の中には既に「仮借《かしゃ》」文字があります。これは、「六書《りくしょ》」という漢字の分類の一つで、「六書」には「上」「下」などの

ように抽象的概念を文字化した「指事」、「日」「月」などのように物の形を象《かたど》った「象形」、「江」「河」のように意符と音符からなる「形声」、二、三字の字義を合わせて形成された「会意」、転用である「転注」、そして「仮借」があります。「仮借」は最も後期に発生したと推定されていますが、現在知られる甲骨文では仮借に分類される文字が最も多く、総字数の七割以上を占めると言われます。つまり、漢字の使用の歴史は更に遡る可能性があります。甲骨文以降、金文、篆書……と通行書体や筆記手段は変遷していますが、漢字の系譜は宇宙時代の二一世紀まで一貫しています（資料6）。

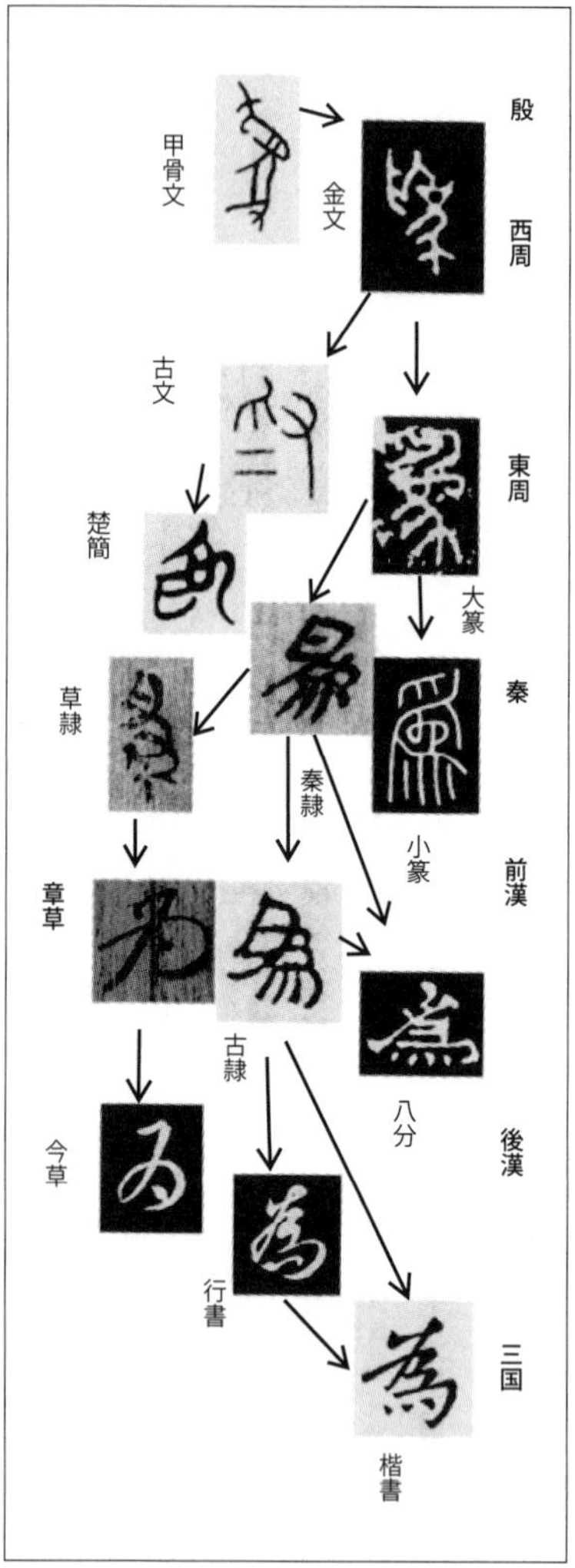

資料6　漢字の書体の変遷
——「為」字を例に

漢文化

本書では、この漢字を媒体として記録され、継承されてきた文化の体系を「漢文化」と呼びます。この文化の体系の伝播により形成されたのが中国文化圏と言えます。この点について具体的には後に改めて述べます。

漢人

この漢文化を受容し、その記録と継承を担う人々を本書では「漢人」と呼びます。ほぼ同様の趣旨で「漢民族」という語がよく使われますが、「民族」という語を使うと、ひとつの源から繁殖・繁栄して形成された集団、つまり血縁で結ばれた集団のように理解されがちなため、本書では「漢民族」という呼称を用いることは避けます。なぜなら、前章で見たように、「漢文化」を担った人々は、歴史的には主に漢文化の成立基盤である定住・農耕の生業形態を採った人々というのが基本的な性質で、血統的には、北中国では侵入してきた外来集団との、南中国では移住先での先住民との融合が進行しており、一元的ではなく多元的であるためです。

漢族

一方、「漢族《かんぞく》」（hànzú）は、現代中国（中華人民共和国）における民族籍五六のうちの一つです。全人口に占める割合は9割強(4)と最も高く、残り五五は併せても一割に満たないことから少数民族と総称されます。この「漢族」は歴史的には「漢人」と重なる部分が多く、中国大陸の降水量の多い緑の平野部（農耕に適した地域）で展開した歴史の長い過程でその時々の現代文化を受け入れて固有の特性を薄めた人々の総体であり、各地の漢族は身体的特徴などの差異も小さくありません。一方の「少数民族」の人々は、山がちであったり、降水量が少なかったりして、農耕に適さない地域に多く住み、「相対的に」「より」固有の特徴を保持している集団と考えると中国世界の内部構造が分かりやすくなります。

清朝やその領域と住民を継承した中華民国は、民国の民族政策スローガンに「五族共和」と言うように、広大な領域とその住民を五地域・五族に分類していました(5)。それが、ほぼ同じ領域と住民を引き継いでいる(6)現在の中華人民共和国では五六と一気に五一も増加しています。共和国建国直後から一九五〇年代を中心に数度にわたり専門家を動員して行われた民族識別事業の結果ですが、そのほとんどがそれまで「漢」とされていた地域(7)から析出されています。ここからも「漢」という概念が、一元的で単一の血統を持つ集団といったイメージが強い「民族」ではなく、「漢文化」（中国領域でのその時々の現代文化）を受け入れ、相対的により固有の生活形態を失った人々であることが分かります。現代中国各地の「漢族」の身体的特徴、言語、食習慣などに見られる地域差の大きさもこれで納得できます。そして、実のところ、これは中国に特有の現象ではなく、地球規模での政治経済の中心部と周縁部における民族や民俗の状況に通じます。

二、経　書——この世の森羅万象を秩序づける縦糸

時間的にも空間的にも巨大な〝帝国〟を運営するソフトシステムとして機能したのが礼制度であり、それらを載せる媒体であり、それ故に科挙受験のテキストともなったのが、『詩』『書』『礼』『易』『春秋』に代表される古典とその注釈です(8)。

経書とは

「経書」は漢文化の核心にある文化メディア（媒体）です。「経」とはもともと縦糸の意味。地球儀で見る「経線」も縦の線ですね。そこから物事の基本、世界を秩序づけるものという意味が生まれます。「経書」はこれから見ていくように、この世の森羅万象を秩序づける倫理・論理・規範を記した書なのです。なお、縦糸に対する横糸は「緯線」の「緯」。「経書」に対し

4　91・11%。第7回全国人口調査結果（中国国家統計局　二〇二一・五・一一発表）。
5　五族とは「漢」（長城内）・「満」（満州）・「蒙」（モンゴル）・「回」（ウイグル）・「蔵」（チベット）。
6　外蒙古が中華民国期に「モンゴル人民共和国」として独立しているため、中華人民共和国の国土は清朝最大版図より小さい。
7　主に清朝期の土司・土官地域（第Ⅲ章第二節参照）。
8　他に、『楽』を加えて六経と言う場合や、『易』『書』『詩』『礼』『春秋』の順で五経とする場合など。本書では馮天瑜『中華元典精神』（上海人民出版社、一九九四年）に拠る。

て、神秘的呪術的など、経書が退ける異端の内容を記した「緯書」というジャンルも存在します。

四書五経

科挙のテキストというと「四書五経」の語が思い浮かびますね。四種の「書」と五種の「経」を意味します。「四書」は朱子学で知られる（南宋）朱熹が選定した、「五経」に進む前に学ぶべき重要基本文献で、『大学』『論語』『孟子』『中庸』(9)から成ります。「五経」は（諸説を省略すると）『詩』『書』『礼』『易』『春秋』です。

本来これらは道家や墨家など諸家にも共通する基本古典であって、儒家という一思想流派が専有するものではありません。しかし、これらの古典を主要な思想基盤とする儒学が漢代以降〝中華帝国〟の統治理念となり、儒家の倫理・論理・規範による統治が行われたことにより、官僚選抜試験（科挙）受験のためのテキストともなりました。

三、五　経――その概容と文化的機能

ここでは、礼というソフトシステムがどのように機能したのかを知るために、経書（五経）の概容とその文化的機能や影響を見ていきましょう。

(一)『詩』――古代の民謡集、外交辞令。そして文学の伝統に

『詩』には、西周初期（前一一C）から春秋中期（前六C）頃までに伝承されていた詩が収められています。「風」（諸国の民謡）「雅」（宮廷の音楽）「頌《しょう》」（祭礼の歌）の三部から成ります。『礼記』（王制篇）に、天子は五年に一度諸侯国を巡幸して各国の政治の状況を視察したが、その際、各地の民謡を採集して民情を知る手がかりとしたとあります。今日の世論調査の元祖のようですね。それらを収めたものが『詩』であって、伝承では、三千余篇あったものを孔子が取捨選択して今に伝わる約三百篇の形に編纂したとされます。その取捨選択に聖人の意図が込められていると考えられたことから、儒学では経典として尊んで、『詩経《しきょう》』と呼ぶようになりました。

その文化的機能として、本書では二点を指摘したいと思います。まず、古代中国における国際外交で外交辞令として機能したこと。『春秋左氏伝』等に多くの記録が残っています（後述）。次に、「詩を以て志を言ふ」という文学の伝統を形成したこと。『詩経』のうち今に伝わる唯一のバージョンである『毛詩(10)』の序文「大序」は中国最古の詩論・文学論・文芸論で

9　『中庸』と『大学』は「五経」の一つ『礼記』中の一篇を独立させたもの。
10　漢代には他に『魯詩』『斉詩』『韓詩』の記録があるが、今は断片的にしか伝わらない。

あり、詩のみならず中国の文学・文芸に大きな影響を与えました。日本には五、六世紀頃に伝来し、古代歌謡に大きな影響をもたらしました。『万葉集』の編纂は『詩経』に倣ったとされます。日本初の勅撰和歌集である『古今和歌集』の序文にも明らかな影響が見て取れます。

『詩経』（毛詩）大序

詩者志之所之也。在心為志、発言為詩。情動於中、而形於言。言之不足、故嗟嘆之。嗟嘆之不足、故永歌之。永歌之不足、不知手之舞之、足之蹈之也。情発於声、声成文。謂之音。治世之音安以楽。其政和。乱世之音怨以怒。其政乖。亡国之音哀以思。其民困。故正得失、動天地、感鬼神、莫近於詩。先王以是経夫婦、成孝敬、厚人倫、美教化、移風易俗。故詩有六義焉。一曰風、二曰賦、三曰比、四曰興、五曰雅、六曰頌。

『古今和歌集』真名序

夫和歌者託其根於心地、発其華於詞林者也。人之在世不能無為。思慮易遷、哀楽相変。感生於志、詠形於言。是以逸者其声楽、怨者其吟悲。可以述懐、可以発憤。動天地、感鬼神、化人倫、和夫婦、莫宜於和歌。和歌有六義。一曰風、二曰賦、三曰比、四曰興、五曰雅、六曰頌。

「大序」の大意を確認すると、詩は心の中の思いが表れたもの。心の中にあるのが「志」で、これが言葉になって現れると「詩」となる。そこから歌が生まれ、舞踊が生まれ、音楽が生まれる。良い政治が行われている治世の音は安らかで楽しい。悪い政治が行われている乱世の音には怨みと怒りがある。亡国の音は民の苦しみの声に満ちて悲しい。このように、詩は政治を正しくし、天地や鬼神までをも感動させる。そこで古の王は詩でもって夫婦親子をあるべき姿に導き、人の道を教え、世の風紀を善に向かわせたのである（詩の分類を説く「六義」は省略）。

『古今和歌集』真名序は「大序」の直接的な影響が一見して明らかな一方で、治世の良し悪しが民の声に現れる、このため為政者は民間の歌謡を収集して治世の助けとする、という中国の詩論の根幹とも言える部分は抜け落ちていて、古代から中国文化の強い影響を受けながらも脱政治的な日本文化の傾向が既に見えるのも興味深いところです。中国の文学、文化における浪漫主義と政治・思想との繋がりについては次節「悲憤慷慨の系譜」で改めて見ます。

日本が受けた影響の痕跡をエピソード的に幾つか挙げてみると、現代日本語でも使われる「風雅」は『詩経』の部立て「風」「雅」から派生する語であること、明治維新期の有名な「鹿鳴館」は『詩経』小雅「鹿鳴」が周の朝廷で貴賓を歓迎する宴で用いられていたことから名づけられていること、そもそも「維新」自体が『詩経』大雅「文王」の「周雖旧邦、其命維新」を典拠とする「新たに天命を受ける」という意味の語であること等があります。

(二)『書』――政治理念の原典

古代の王・堯舜に始まり、夏、殷、周の王たちが発した国政上の言葉の記録（命令や訓戒など）を最終的に周朝の史官が編纂したものと見られています。「書」は後世には書物一般を意味するようになりますが、もともと「書」とは宮廷の史官が王者の言行を記録することを意味しました。古代の士官の記録が春秋戦国時代になると次第に政治の規範とみなされるようになっていきます。天命に順い、有徳者を貴び、徳によって民を安んずる、という儒家の政治理念を最もよく示しており、「政治の紀《のり》」として貴ばれました。

注目すべき内容として「革命思想」を見ます。夏、殷、周の王朝交代において武力が用いられたこと、いわゆる「湯武《とうぶ》革命」を正当化する論理を後の世に提供しました。例えば、殷の湯《とう》王が夏の桀《けつ》王を討つ際の民への呼びかけとされる、

有夏多罪、天命殛之……予畏上帝、不敢不正（夏は罪が多く、天がこれを誅せよと命じる。……我は天意を畏れるので、征伐しないわけにはいかない）「商書・湯誓篇」

また、周の武王が殷の紂《ちゅう》王を伐つに際し、軍勢を前に誓った辞とされる、

商罪貫盈、天命誅之。予弗順天、厥罪惟鈞。……天矜于民、民之所欲、天必従之（殷の罪は溢れんばかりで、天はこれを誅せよと命じる。天意に順わなければその罪は同じになる……天は民を憐

み、民が欲するところに必ず従う）「周書・泰誓篇」

こうした言葉が有徳の王者の言として記録されており、天命を受けて地上を治める天子も、徳を失えば天命は有徳者に移る、徳を失った暴君を民を救うために討つのは天意に従うものである、という「革命」思想を支える根拠となっていきます。「革命」という語は、「革」が「変える・変わる」という意味の動詞、「命」が目的語で、「天命を革《あらた》める」という意味です。また、「天意」とは詰まるところ民意に基づくという「民本主義」の根拠ともなります。

『書』は、日本でも、為政者のあるべき姿を説く王者の言を収める書として重んじられ、近代以降でも年号「昭和」「平成」の出典となっています（後述）。また、江戸時代の「参覲《きん》交代(11)」は、諸侯は六年に一度天子のもとに朝観するという記述（周書・周官篇）に依拠しており、現代日本語で「練習」といった意味で使われる「けいこ」の語は「稽古《けいこ》」（いにしえを考えるに）という『書』の語り出しの表現が元になっています。

㈢『礼』——礼の体系を収める

「礼」は現代日本の生活においても馴染み深い「礼儀」「礼節」などの元となる価値の体系です。その内容は、宇宙を秩序づけるマクロな次元から、儀式の細部を定めるミクロな次元にま

11 「覲」とは君主にお目に掛かること。「参勤交代」とも書く。

で及び、後世に多大な影響を与えました。『礼』は五経の一つですが、文字テキストとしては、周王朝の諸制度の記録とされる『周礼《しゅらい》』、古代の宗教的政治的儀礼の記録『儀礼《ぎらい》』、その『儀礼』の解説と礼にまつわる多様な議論を収めた『礼記《らいき》』、あわせて「三礼《さんらい》」から成ります。中華帝国は「礼」の体系そのものといえる巨大な存在ですが、本章では、「現代中国現象の歴史的文化的淵源」という趣旨から、『礼記』を出典とする中国のユートピア思想「大同思想」に注目し、第五節で詳しく見ます。

『礼』と日本との関係で特筆すべきは、「和」という語と概念の出典であるということです。聖徳太子が制定したと伝わる、日本最初の成文法である「十七条憲法」のまさに第一条に「以和為貴」とありますが、これは『礼記』(儒行篇)の「以和為貴」から引いたものと思われます。それから「和」を尊ぶこと約千五百年、「日本式の」という意味で「和式」「和風」というように、今や日本の代名詞、アイデンティティの核心となっています。

(四) 『易』——占いの書。哲学の原典

『易』は古代中国の占いの記録が元となっています。その原型がまとまるのは、西周末期か春秋初期と推定されています。殷代には、戦いや婚儀など王室の重要な決定に際して、亀甲や獣骨を灼《や》いて、そのひび割れで吉凶を占う亀卜《きぼく》が行われていました。その結果を文字に刻んだ

のが甲骨文です。亀卜は格式ある占いとして、周代にも継承されましたが、やがて筮竹《ぜいちく》を数えて占う占筮《せんぜい》が登場し、その結果は絹布に記録されて朝廷に保管されました。こうした占いの記録が編集されたものが『易』の原型となったと考えられています。

『易』の構成を最小限度で簡単に説明すると、⚊（陽）と⚋（陰）の二種の爻《こう》の八種の組合せが「八卦《はっか》」(12)で、三本の爻から成ります。

八卦：☰（乾《ケン》）☱（兌《ダ》）☲（離《リ》）☳（震《シン》）☴（巽《ソン》）☵（坎《カン》）☶（艮《ゴン》）☷（坤《コン》）

天　沢　火　雷　風　水　山　地

これらの八卦を上下に二つ重ねたものが「六十四卦」で、爻は六本になります。六十四卦についての占いの語が「卦辞《かじ》」、六十四卦の六本の爻についての占いの語が「爻辞《こうじ》」で、ここまでは占いの書です。ここに戦国末期から前漢初期にかけて、これら「卦辞」「爻辞」について、政治道徳上の理想に基づいて解説する「伝」が付されて、政治思想の書の性質を帯びるようになります。その後、儒学を国教化した漢の後に続いた第一次分裂期の長い混迷の中で仏教が隆盛し、儒学の影響力が低下する中で、仏教に劣らない形而上学を構築しようとする模索が続き、宋代に至り『易』は朱熹によって大成された朱子学においてその形而上学を支える哲学の書と

12　「はっけ」とも読む。ちなみに、韓国国旗は陰陽二元一体を表わす太極図を中心に、天・地・水・火の卦を周囲に配している。

なります。

日本においても、『易』は江戸期に官学となった朱子学の影響もあり、重く扱われました。また、民間にも流布したことは「当たるも八卦当たらぬも八卦」のように諺にもなっていることに表れています。明治以降の近代日本にもその影響は残り、例えば、元号の「明治」「大正」は『易』が出典とされています（後述）。また、哲学用語「形而上《けいじじょう》」「形而下《けいじか》」が『易』「繋辞伝」の「形而上者謂之道、形而下者謂之器」（形よりして上なる者これを道と謂《い》ひ、形よりして下なる者これを器と謂ふ）を出典とするように、現代日本語にも影響の跡が見えます。

(五)『春秋』――史書。政治の鑑《かがみ》として機能

春秋時代の魯国の国政に関わる外交・戦争・災害などを記した王室の記録です。魯国は孔子の出身地であり、『春秋』は孔子による編纂を経たものと考えられて、後に儒家の経典となりました。『春秋』に記録されている時代（前七二二〜前四八一年）を「春秋時代」と呼びますが、『春秋』に記録されている時代という意味であり、その逆ではありません。ここからも『春秋』の権威が分かります。

『春秋』の本文はもともと王室の公式記録ですから、年月と出来事が中心の、実に簡潔なものです。しかし、その一字一句に聖人（たる孔子）による「微意」（政治のあり方についての批評）

が込められていると考えられるようになります。これを「春秋の筆法」と言います。そこからなぜこう書いてあるのか、この語は何を意味するのかと、その「筆法」（聖人の意図）を読み解こうとする注釈が行われるようになります。それらの注釈書の中で、左丘明《さきゅうめい》による『左氏伝』（「伝」とは注釈の意味）は簡潔な本文が伝えない豊富な史話を収録しており、本書でこれからしばしば登場します(13)。こうした春秋学から「素王」、王位に就いていない聖王という概念が発生します。「無冠の王」ですね。孔子は在野の一教師として生涯を終えたが、『春秋』を編纂して後の世に教えを残し、王位に就いたことはなくとも聖王の偉業を成した、という考えです。『春秋』は歴史の記録ですが、こうして、政治の鑑（是非や可否、善悪の裁定の根拠）としても用いられるようになり、歴史を重視する伝統を形成していきます。この点については、次節「悲憤慷慨の系譜」で改めて取り上げます。

四、悲憤慷慨の系譜——中国の文学・歴史・政治を貫くロマン主義

本節で取り上げる「悲憤慷慨の系譜」は筆者が長年追いかけてきた主題で、これも今から見るように漢文化の一形態です。ここではこれを「史」と「士」と「詩」の三つの伝統の側面か

13　他に、公羊高《くようこう》による『公羊伝』、穀梁赤《こくりょうせき》による『穀梁伝』が今に伝わっており、併せて「春秋三伝」と言う。

ら見ていきます。

「悲憤慷慨」は伝統的に中国の文学・文芸などにおいてロマンの主要な源泉となってきました。男女の恋よりも、男子の天下国家への志が主役の座を占めることが特徴と言えます。繰り返しになりますが、「悲憤慷慨の系譜」は筆者にとって主要な関心の対象であり、研究生活を始める契機ともなりました。着想のきっかけは一九八九年春のいわゆる民主化運動です。この年にはベルリンの壁が崩壊、これに東欧諸国の革命が続き、九〇年の東西ドイツ統一、九一年のソ連邦解体に繋がっていきます。これらに先駆けて、八九年の春から初夏に北京で進行した運動は収束の場面が「天安門事件」として知られますが、リアルタイムで注視していた筆者には、政治運動というより、文化現象として見えていました。胡耀邦元総書記の死去を直接の契機として、約二か月にわたり北京を中心に繰り広げられた人々の言動には伝統の記号が溢れていました。

伝統の記号とは、まず、大学生を含めた知識人の社会的責任について、学生・政府・市民の立場の違いを問わず、社会全体に強い関心と認識の共有が見られたこと。また、運動の展開の中で次々に発表された大量の宣言文、呼び掛け文、演説等々の語りに漂う悲壮美と高揚感、それらが人々の情緒を揺り動かす力、それらの言に散りばめられる中国文化史上の〝憂国憂民〟の言の数々、またそれらの言の基盤に『詩経』『楚辞』などの古典が存在し、広大な国土の各地の人々に加え、海外の華人華僑たちなど、口語では意思疎通に困難もある人々が、古典の字句を通して文化的アイデンティティを共有する姿を目の当たりにしながら、この主題に繋がる思索が始まりました。この伝統と語彙は、漢字を媒体として、記録・蓄積・伝播されてきたものが核となっています。この問題を本節では「史」と「士」と「詩」の伝統から考えてみたいと思います。

㈠ 「史」の伝統

「史」とはまず五経のひとつ『礼記』（玉藻篇）に登場する天子の左右に控えて記録を司る官のことでした。「左史」は天子の行動を、「右史」は天子の言動を記録したとされます。つまり「史」とは、まず天下国家のために記録する役目を担う官であると分かります。その「史」が目指すのが「直筆《ちょくひつ》」です。「直筆」を示す例として、前節で見た五経『春秋』の注釈書『春秋左氏伝』に記録された二例がよく知られています。

宣公二年の例

晋国の国君の殺害事件に際して、大臣趙盾《ちょうとん》が「趙盾、其《そ》の君《きみ》を弑《しい》す」とその名を挙げて記録されています。この場合、国君は大変な暴君で、しばしば諫《いさ》める趙盾を嫌って何度も趙盾を殺害しようとしたものの、趙盾は行い正しい人物であったため、常に助ける者がいて、難を逃れていました。ついに国君が趙盾の一族の者によって殺害される事件が起こると、朝廷の史官は前述のように記録しました。事件に関わっていなかった趙盾は否定しますが、史官は、趙盾が最も位の高い大臣であったこと、亡命しても国境を越えずに首謀者の呼び戻しに応じたこと、朝廷に戻っても首謀者を処分しないこと、の三点を挙げて、国君殺害の責任は趙盾に帰すると答えます。趙盾は嘆きながらもこれを受け入れました。

襄公二五年の例

斉《せい》国で大臣崔杼《さいちょ》が私怨のために国君を殺して、新君を擁立する事件が起こります。斉の史官がこれを「崔杼、其の君を弑す」と記録して崔杼に殺されます。その弟が史官を継いでまた同様に記録したため、それも殺しましたが、次の弟がまた同様に書いたので、ついに諦めてそのままにしました。史官が直筆を貫いて相次いで殺害されたと聞いて、南史氏(14)が簡冊を持って王宮に駆けつけようとしたが、三人目が書いたままになったと聞いて引き返したと記されています。

「弑す」とは臣下が君上を殺すことで、歴史に自らの名と罪を記録されたことになります。この二例に見るように、「直筆」とは、単に時の権力に阿《おもね》らず、ありのままに記録するということではありません。史官の記録には、礼に基づいた判定が含まれており、そこには賞賛もあれば批判もあり得る。いわゆる「毀誉褒貶《きよほうへん》」です。史官は、後世に「何を」「どう伝えるか」

に命を懸けるわけです。

㈡「士」の伝統

「士」とは、古代においては世襲の統治階層でした。ここでも『礼記』(王制篇)からですが、周代の礼制には「公」「侯」「伯」「子」「男」の五階級[15]があり、それら諸侯の臣下にも「上大夫」「下大夫」「上士」「中士」「下士」の五階級があったと記されています。ここから上中下の区別を除くと、諸侯の臣下は「士」と「大夫」からなっていたことになります。

次に、同じく『礼記』(曲礼上篇)に「礼は庶人《しょじん》に下《くだ》らず、刑は大夫《たいふ》に上《のぼ》らず」とあり、庶民には高い知的経済的水準が必要となる礼制度の実行を求めない一方、「大夫」は治められる側の民とは異なり、礼によって自らを律すべきであるから、刑罰の辱めを加えないという、いわゆる「士庶の別」が説かれています。このように被治者である「庶人」と対置されたときの「大夫」は、統治階層を総体として指すことになり、先ほどの「士」と「大夫」を内に含むことになります。このように「士」と「大夫」はともに「庶人」の統治に携わる一つの階層を形成することから、後に士人階層を指す語となる「士大夫《したいふ》」という一語が生じたと考えられてい

14 詳細は不明であるが、文脈と名称から、史官に連なる人物と思われる。
15 これは日本で明治期に創設された華族制度の典拠となった。

ます。

「士」の志

その「士大夫」の理念は（またしても）『礼記』（大学篇）に言う「修身、斉家、治国、平天下」に集約することができます。「修身《しゅうしん》」は、五経に代表される古典を修めることによる古典教養の習得とそれによる自己完成を、「斉家《せいか》」は、そうして陶冶《とうや》された自己の人格によって社会の最小の構成単位である「家」を「斉《ととの》える」ことを意味し、世にあっては「国を治め」『天下を平《たい》らかにする」ことを究極的に目指すものです。

すると「修身」「斉家」は士が人生で志を実現するための前提ということになり、志すところのみを取り出して「治国平天下の志」とも言います。「治国平天下」と同じ意味でよく使われるのが「経世済民」です。訓読すれば、「世を経《おさ》め民を済《すく》ふ」。天下国家の経営に関わり、民生の向上に力を尽くすことを意味します。この「経世済民」は幕末明治の日本で「経済」と略されて“economy”の訳に当てられました(16)。

「士」の生き方

任官して政治に関わる生き方を「入世《にゅうせい》」（世に入る）と言います。「治国平天下」を志す儒家的人生態度ですが、これに、直言や直筆によって君主を諫《いさ》めようとする士大夫の志が加わると、往々にして失脚などの受難に見舞われることになります。こうして「入世」と対をなす

「出世《しゅっせい》」という道家的処世態度が登場します。「出世」とは、「世を出る」という意味で、「出《しゅ》世《つせ》」（世に出る。俗世間で名を成す）ではなく、仏教の「出家《しゅっけ》」（家を出る。俗世を捨てる）とも異なり、「無為」（作為を加えない）を標榜し、任官せず、俗世間に居ながら世間から「離れる」生き方です。

「入世」と「出世」は士の処世の選択肢として対になっていきますが、「出世」はあくまで「入世」が叶わないときの選択肢であって、正統の地位、コインでいえば表面にくるのは「入世」です。例えば、陶淵明《とうえんめい》（晋、三六五～四二七年）が有名な「帰去來兮辞《ききょらいのじ》」で詠む、上官に諂《へつら》うことを嫌って、官を辞して故郷の田園に帰るという選択は「出世」の典型例と言えますが、彼とても「士の不遇に感じる賦《ふ》」を作って、明君の御世《みよ》に「めぐり遇《あ》えない」こと、つまり「不遇」を嘆いています。彼が官界を去るのは、濁世に生まれあわせて「入世」が叶わないためなのです。

「入世」と「出世」の関係は、そのまま中国思想上の二大思潮、儒家と道家の関係に当てはまります。後世、必ずしも官を退いたりしなくとも、「士」の精神世界は、公的社会的領域を占める儒家的価値「入世」と、私的趣味的領域を占める道家的価値「出世」の二面を抱くよう

16　その他、日本における中国古典の語彙を駆使した西洋近代の受容およびその中国語への逆輸入については、鈴木修次『文明のことば』文化評論出版、昭和五六年参照。

になります（序章第二節「中国世界の中のふたつの世界」参照）。

「名」――「士」の志を支える〝信仰〟

「治国平天下」の志を抱く「入世」の生き方において、生涯の成功不成功を決定するのは、「名」を後世に残せるかどうかです。例えば、『論語』には、「四十五十にして聞こゆること無《な》くんば、斯《こ》れ亦《ま》た畏《おそ》るるに足《た》らざるのみ」（四十五十の歳になって名が立たないようでは、大した人物ではない）（子罕篇）、「君子《くんし》は世を没《を》へて名の称《しょう》せられざるを疾《にく》む」（君子は生涯を終えた後に名が残らないことを憂える）（衛霊公篇）等の言が見えます。死後に「名」が残り、後世に伝わっていくこと。それがその人物が善《よ》く生きたことの証となる。死者を記念し慰霊する碑文に刻まれる「万古流芳」（美しい名は永遠に）の語が死者や遺族を慰めるのはこのためです。美名が残っていくという報いが「善《よ》く正しく生きよ」と己や他者を励ます心の支えとなるのです。

「史」の伝統が支える「名」の力

このような「名」の力を支えるのが「史」の伝統です。たとえ不遇の中で人生を終えようとも、善く生きた志は記録され、それが戦乱や焚書にもかかわらず、後の世に伝わる。長い歳月の中では、たまたま生まれあわせた世の時の権力よりも、普遍的な価値からの裁定が勝《まさ》る。時の皇帝の怒りを買って死罪を言い渡された司馬遷が宮刑という屈辱を耐え忍んでも減刑を得て書き遂げた『史記』の筆を擱《お》くに当たって、「後世の聖人君子を俟《ま》つ」（『史記』「太史公自序」）と記したように、記録に残ってきた志の系譜に自らも連なろうとする志を支えて、人生を励ます力となってきました。

史官たちは、後世に何をどう伝えるか、簡策に書きつける字句に命を懸けました。「千年の史策《しさく》、無名《むめい》を恥ず」。有史以来続き、今後も永遠に続いていく記録に我が名が載らないことを恥じる。陸游《りくゆう》（宋、一一二五～一二一〇）「金錯刀行」のこの詩句に、「史」の伝統と「名」の相互関係、そして「名」が人生を支える力を見ることができます。

このような「名」の追求を功利的なものと片付けてしまっては、中国文化の重要な部分を見落とすことになるのではないか。「史」の伝統が保証する「名」の約束は、不遇や受難に際して、宗教に代わって士大夫の精神を支える役割を果たしてきたのではないだろうか。いささか突飛なようですが、こう考えるようになったのは、ナショナリズムをめぐる議論がきっかけです。ベネディクト・アンダーソンの『想像の共同体』は、ナショナリズムがしばしば多大な犠牲を生むほどに人々の情念と強く結びつくことをこう説明しました。欧州では一八世紀の啓蒙主義によって神に支配される時代が終焉し、合理的世俗主義の時代が始まる。しかし、人々が生老病死の苦しみからの救いを求めることに変わりはなかった。ナショナリズムは、宗教に代わって、個体の死を超越する不滅の存在への信仰とそれに自己を同一化することで得られる精神的救済を人々に与えたのである、と。

中国文化史において、神意に支配される時代から人間理性の時代への転換期と言えば、最初にそれを意識的自覚的に行おうとしたのは孔子です。「怪力乱神《かいりきらんしん》を語らず」（述而篇）「未《いま》だ生を知らず。焉《いづ》くんぞ死を知らん」（先進篇）など、『論語』には、孔子が超自然的存在や死後の世界を語らず、人間理性で把握できることに限定して語ろうとした姿勢が表れています。このことと、この時期に孔子によって「士」の伝統、「入世」の価値観、「名」の追求という伝統が立ち上げられることとは無関係ではないでしょう。孔子自身にしろ、司馬遷にしろ、古来「入世」の人生態度は現世では困難を招きがちです。不遇や受難に際して、天国や彼岸での報いに代わって、中国の士大夫の精神を支えたのが「史」の伝統が保証する「名」の約束であったのです。

「名」の否定——道家的世界

もちろん、どのような文化も一面のみで成り立っているはずはありません。「名」の追求は「名」を否定するもう一方の伝統と表裏を成しています。「名」の伝統を立ち上げた孔子の言行を記録する『論語』の中にも、名を隠して生きる隠者たちの皮肉っぽい孔子批判が少なからず収録されています(17)。

『論語』よりずっと後の例になりますが、唐の李白《りはく》（七〇一～六二）「笑歌行」は「君は愛す身《しん》後《ご》の名、我は愛す眼前の酒」と言い放っています。「身後の名」は死後に残っていく「名」のこと。そのために身と心を苦しめるのは愚かなことだ。自分はそれより命ある今を楽しむ。そして、屈原《くつげん》や伯夷《はくい》、叔斉《しゅせい》など〝名を残した〟人物たちの名を挙げて笑い飛ばしています。いかにも「詩仙」と称される詩人らしい人生観です。「仙」は俗世を離れた道家的境地であり、そのまま「無為《むい》」「出世」の処世態度と繋がります。

一方、李白と並んで唐代を代表する詩人、杜甫《とほ》（七一二〜七〇）は「詩聖」と称されました。「聖」は孔子を聖人というように、儒家が目指す最高の状態、生身の人間が現世で学びと修養によって到達できる最高の境地を意味します。つまり、「聖」は儒家の「有為《ゆうい》」「入世」と繋がる価値です。「朱門には酒肉臭い、路には凍死の骨有り」（権勢のある屋敷にはご馳走が溢れているが、外では庶民が飢え凍えている）（「自京赴奉先県詠懐五百字」）など、杜甫の詩句には、社会の不公正や庶民の苦しみへの関心、いわゆる「憂国憂民」の情が強く表れています。

日本でも広く親しまれているこの二人の大詩人に中国文化史上の士人の人生態度の二つの極を象徴的に見ることができます。この二極は陰陽のように、一見対立しながらも、一方を欠くことのできない二元一体となって、士の伝統を形成していきます。

「士」の伝統の成熟

宋代には官僚選抜システムとしての科挙制度と統治イデオロギーとしての儒学が完成の域に

17 微子篇の楚狂接輿、長沮、桀溺の言など。

入り、士大夫という階層と理念も完成・成熟の時期を迎えます。その宋代の士風を代表する一人、范仲淹《はんちゅうえん》（九八九〜一〇五二）には「進めば則《すなは》ち憂国憂民の誠《まこと》を尽し、退《しりぞ》けば則ち天を楽しみ道を楽しむの分《ぶん》に処《を》る」（「謝転礼部侍郎表」）、「天下の憂《うれ》ひに先《さき》んじて憂ひ、天下の楽しみに後《おく》れて楽しむ」（「岳陽楼記」）等の語があります。前者は、「入世」が叶うときには「治国平天下」の志に邁進し、それが叶わぬときには甘んじて「出世」を楽しむと言う。必ずしも「入世」の理想を求めるだけでない達観や諦念（諦め）も感じさせますが、後者の詩では、「天下」（ここでは庶民）の安寧を自身の苦楽より優先するという、士人としての志を宣言しています。ちなみに、江戸期の大名庭園「後楽園」はこの「後れて楽しむ」にちなんで名付けられています。

また、明から清への王朝交代に遭遇した顧炎武《こえんぶ》（一六一三〜八二）は、清朝には仕えず、民間人として社会的関心を踏まえた実証的研究を行いました。「二君に仕えない」という士大夫の節義と、天下国家のために力を尽くそうとする士大夫の志が対立する時代において、彼はその両立を図るために、「亡国」に対し「亡天下」という概念を立てました。「亡国」は王朝が滅ぶこと。王朝の興亡は皇室の〝私事《わたくしごと》〟であり、それに責任を負うのは皇室とそれに仕える人間のみとする一方で、「亡天下」は社会の秩序・倫理が崩壊することで、これには仕官していない「匹夫《ひっぷ》」（一介の民間人である自分）もその責を担う、と主張しました。この主張は後に「天下の興亡《こうぼう》は匹夫《ひっぷ》も責有《せきあ》り」という一句に整えられて流布するようになります。こうして、士の伝統には新たな語彙が加わりつつ、後代に系譜が繋がっていきます。

(三)「詩」の伝統

詩とはまず『詩』のことでした。『詩』は前節で述べたように、周代の歌謡約三百篇を収めた詩集ですが、孔子による編纂を経たものと伝承され、その取捨選択に聖人(である孔子)の意図が込められていると考えられたことから経典として尊ばれ、『詩経』と呼ばれました。『詩経』を伝えた幾つかのバージョンのうち、今日に伝わった唯一のバージョン『毛詩《もうし》』の序文「大序」に、「詩は志《こころざし》の之《ゆ》く所なり。心に在るを志と為《な》し、言《げん》に発するを詩と為《な》す」とあります。詩とは志が言葉になったもの。しかし、どのように「言ふ」のでしょうか。

ここでも『春秋左氏伝』からですが、襄公二七年にその一例を見ることができます。外国の賓客が帰国するに際し、国君が宴を設けます。宴席には大臣七人を伴いました。賓客は宴の締めくくりとして陪席の七人に「以《もっ》て七子の志を観《み》ん」(七人の方々の志を伺《うかが》いたい)と詩を請います。そこで、大臣たちは一人ずつ『詩経』の一篇を賦《ふ》していきます。国際外交の宴を締めくくる雅な場面ですが、それぞれの教養や外交のセンス、人格までが試される場となっています。事実、客は帰路に従者と、賦した詩に基づいて七人それぞれの人物評価をしています。『左氏伝』には、このように当時の国際政治の舞台で『詩経』が引用される事例が多く記録されていますが、それらは単なる社交儀礼ではなく、交渉の成否や人物の国内外における評価を決定づける真剣なやり取りとなっています。

このように、「詩」とはまず『詩経』のことであり、「志を言ふ」とは『詩経』の中からいずれかの詩を賦して己のメッセージを託すことでした。詩はまず士人が世に出ていくために修めておくべき古典教養の筆頭であり、一種のカードのようにやり取りされる外交交渉の辞として機能しました。詩は、士にとって「治国平天下」の実務に役立つ実際的な効用を持つものだったのです。

ここから、孔子が門人教育において詩を重視した理由を理解することができます。孔子は詩を学ぶことの必要性を弟子たちに再三再四熱心に説いています。とはいえ、「詩三百を誦《しょう》するも、之《これ》に授《さづ》くるに政を以てして達せず。四方に使ひして、専《ひと》り対《こた》ふること能《あた》はず。多しと雖《いへ》ども、亦《ま》た奚《なん》ぞ以《もち》ひん」（子路篇）と、実際の政治の場で役に立たないようでは、『詩経』を暗誦できても意味がないと戒めていますが、ここからも詩に通じていることが、士として「治国平天下」の任務を果たす実力の前提であったことが分かります。このように、「詩を賦《ふ》して志を言ふ」とは、政治の場で『詩経』の詩を引くことでしたが、後に詩を自作して示すようにもなります。

系譜のはじまり――『史記』「屈原伝」

屈原は、司馬遷『史記』によって名を後世に伝えられた典型的人物です。『史記』「屈原伝」によると、屈原は秦の始皇帝による天下統一を目前とした、戦国末期の楚《そ》国の人。王の信任厚く、内政外交の重責を担うものの、他の重臣の妬みを買って王に讒言《ざんげん》され、失脚してしまう。屈原は憂国憂民の思いを数々の詩に託す。まさに「詩を賦《ふ》して志を言ふ」です。しかし、王が屈原を召し戻すことはなく、楚国は衰亡の一途を辿り、屈原は自国の滅亡を見るに忍びず、悲憤と失意の中で入水《じゅすい》したとされます。

屈原作として伝わった詩篇の数々は後の中国文学に強い影響を与え、楚辞という文学ジャンルを形成しました。代表作「離騒《りそう》」は、『詩経』が詠み人知らずの素朴な民謡であるのに対して、中国文学史上最初期の個人名を冠した創作であり、強烈な自我と激情、奔放な想像力と浪漫を湛えた長編詩で、屈原イメージの核心となっています。

レクイエムの系譜――司馬遷『史記』の仕掛け

『史記』の列伝は実は複数の人物の伝を併せることによって、一つの人生類型を示すものとなっています。中でも「屈原伝」はその典型で、正式には「屈原賈生《かせい》列伝」であり、屈原の伝が終わると、屈原より百年も後に生きた賈誼《かぎ》（前漢、前二〇一～前一六九）の伝が始まります。これにより二人の人物に共通する側面が浮かび上がり、一つの人生類型が示されるのです。ここで示される類型とは「士の不遇」です。「士」が「入世」に挫折し、屈原の不遇に自身を重ね合わせ、屈原を悼み、「不遇」を嘆いて、詩文を作る。「士」と「詩」の伝統が結びつき、「悲憤慷慨」の系譜が始まります。

その始まりは賈誼「屈原を弔《とむら》ふ賦《ふ》」です。『史記』「屈原賈生列伝」に収められている、というより、賈誼の伝はこの賦を詠んだ人物の伝として「屈原伝」に付されている観があります。賈誼は若くして才能を認められ、朝廷で活躍するものの、才を妬んだ他の重臣たちの讒言によって失脚。左遷の途上、屈原入水のゆかりの川で屈原を悼んで「屈原を弔ふ賦」を作ります。官途の挫折に際して、屈原の不遇に自身を重ね合わせ、屈原を悼み、志を遂げられないことを嘆いて詩文を作る。『史記』が示す類型「士の不遇」はここまでを含みます。こうして、士の伝統と詩の伝統が繋がり、系譜化していきます。司馬遷はその仕掛け人と言えます。

近代の訪れによる断絶と継承──近現代の〝士大夫〟たち、終わらぬ受難

近代の始まりといっても、ある一点から突如として始まるわけではありませんが、アヘン戦争（一八四〇〜四二年）はこの転換期を象徴する事件です。これ以降、清末の世は内憂外患の度を深めていき、まずは体制内部から洋務運動、変法運動などの改革の動きが出てきます。科挙が廃止され（一九〇五年）、西洋近代の学術を主とする教育制度へと転換していく。清朝崩壊までにはまだややありますが、ここに中華帝国の統治枠組みの終焉が始まります。帝国を制度の面からも精神の面からも支えてきた礼制度が統治イデオロギーの地位を否定され、行政実務と

文化創造の両面を担ってきた科挙官僚の再生産もストップしたのです。辛亥革命により清朝は崩壊し（一九一一年）、翌年にはフランス革命の共和制理念に影響を受けた中華民国が建国される。ここに秦以来二千年の中華帝国は終焉し、中国文化史は新たな画期を持ちます。

士の伝統にも、秦の天下統一で封建制が終焉し、世襲の士大夫階級が消滅して以来の大きな断絶が発生します。治者として士大夫の理念を継承した科挙官僚が消滅し、新たに国家経営に携わる官僚が学ぶべきは西洋起源の学術が主体となりました。

しかし、このように大きな社会構造の変動の後にも、変わらないもの、繋がっていくものはあります。世襲の士大夫階級も科挙官僚も、彼らを庶民と対置したとき、治者という政治・行政的立場に加えて、高い人文的教養を備えた文化的エリートという共通項を持っています。こうして、近代以降も高度な教育を受けた層、いわゆる知識人層に士の伝統は大きく形を変えながらも継承されました。

西洋式の学制が実施されるようになって後も、教育、特に高等教育を受ける機会に浴するのは、社会全体に対しごくわずかのエリート層でした(18)。自然、彼らはより多く知る人間として、社会に対し大きな責任を感じざるを得ない。近代の教育制度は必ずしも官僚養成のためのシステムではなく、近代社会においては、学問をした人間の活躍の道も官僚のみではありませ

18　共和国建国時点（一九四九年）の全国の文盲率は八〇％（『中国大百科全書』一九八五年、教育分冊、三〇六頁）。

ん。しかも西洋近代の「民主と科学(19)」の理念とその実践が追及された時代です。知識人は治者として社会に臨むわけではありませんから、かれらの責任感は士大夫の志とは自ずと質を異にしますが、「治国平天下」の語は死語になるどころか、大いに叫ばれたのであり、社会に関わることがより多く学んだ人間の倫理として感得されたその基盤には「入世」の伝統があります。

こうして、「入世」がもたらす受難も、社会体制や統治イデオロギーの巨大な変化にもかかわらず絶えることはなく、生まれ合わせた時代における否定や処分よりも、「歴史」の判定への信念が「入世」の行動や受難を支える構造も、士の伝統が培ってきたものと地続きであるように見えます。紙幅の関係上、結論から述べましたが、以上述べたことを実際の人物・事例の上に具体的に見てみましょう。

康有為《こうゆうい》(一八五八〜一九二七)、梁啓超《りょうけいちょう》(一八七三〜一九二九)師弟は、科挙最晩期の士人です。明治維新を範とした清朝の改革政策・戊戌変法《ぼじゅつへんぽう》(一八九八年)のブレーンでしたが、西太后のクーデターで同志たちが処刑される中、危うく難を逃れて日本に亡命します。これより、「亡命」が士の受難の新たなバリエーションとして加わるようになります。

中国現代文学を代表する文豪となった魯迅《ろじん》(一八八一〜一九三六)は、科挙の道を捨てて新たな西洋式学制で学び、清朝派遣の留学生として来日します。当初の志は医学を学んで人々を救うことでしたが、有名な幻灯事件(20)を契機に、肉体よりも精神を救おうと文学を志します。彼の作家人生は、その鋭い政治風刺のためにほとんど常に当局の弾圧の対象であり、転々と身を隠しながら文章を発表したために、優に百を超えるおびただしいペンネームを残しました。その魯迅が、司馬遷の『史記』を「無韻の『離騒』(21)」と評しているのは、司馬遷と彼によって「名」を伝えられた屈原との関係を暗示しているようで興味深いことです。

魯迅は陳独秀《ちんどくしゅう》（一八七九〜一九四二）や李大釗《りたいしょう》（一八八九〜一九二七）と共に雑誌『新青年』に拠って文化・文学運動を展開しました。陳独秀と李大釗は後に共産党を設立しますが、陳は晩年には投獄の憂き目にあっていますし、李は軍閥に逮捕されて刑死しています。中華民国期を代表する詩人、聞一多《ぶんいった》（一八九九〜一九四六）は楚辞研究でも有名で「離騒」を愛しました。この詩人は国民党政府の独裁に反対して暗殺されてしまいます。

抗日戦争（一九三七〜四五年）、国共内戦（一九四六〜四九年）を経て、中華人民共和国が建国

19 新文化運動（一九一五〜）で打ち出され、五四運動（一九一九〜）のスローガンとなった基本精神。

20 短編小説集『吶喊』「自序」で語られる。日本留学中、教室で上映された時事ニュースのスライド（幻灯）にロシアのスパイとされた中国人が日本軍に処刑される場面があり、魯迅は中国で日本人に処刑される中国人とそれを取り囲む見物の中国人を、ただ一人の中国人として日本人の集団の中で見るという経験をする。

21 「無韻」とは韻を踏んでいないこと。『史記』の文体は散文だが、その精神は「離騒」に通じるの意。魯迅『漢文学史綱要』第十篇「司馬相如與司馬遷」中の評語。

（一九四九年）すると、士の伝統に新たな語彙が加わります。知識人は社会主義社会を構成する「一定の科学文化知識を持つ頭脳労働者(22)」として、「知識分子」と呼称されるようになります。社会主義国家の「知識分子」にも「士」の伝統は継承されたのでしょうか。建国後約三〇年間のいわゆる毛沢東時代に政治運動が相継いだことはよく知られています。反右派闘争（一九五七～五八年）では五五万人が右派とされ、労働改造に送られたといいます。一〇年の長きに及んだ文化大革命（一九六六～七七年）では、文化・芸術の各領域が革命対象となり、文学者や芸術家の犠牲は甚大でした。

(四) 系譜の現在――ふたつの天安門事件に見る「史」と「士」と「詩」の伝統の形

最後に、「史」と「士」と「詩」の伝統の現在を象徴的に示す事例として、二つの天安門事件を見てみます。

第一次天安門事件

一九七六年一月、既に一〇年続いていた文化大革命に人々が倦み疲れている中で周恩来首相が死去します。周恩来は清廉有能かつ穏健なイメージで国民の人気が高かった上に、周を標的にしたと思われる批判キャンペーンの渦中に死去したことで、人々の同情と憤りが高まり、政府主催の追悼行事が終わった後も、民間では喪章を着けるなどの追悼行為がなかなか収まりませんでした。四月初旬に行われる死者を弔う伝統行事・清明節が近づくにつれて、北京の天安門広場にある英雄記念碑に追悼の花環と詩文を捧げる動きが起こります(23)。思いを綴った詩篇の数々が公共空間に貼り出され、集会で朗読され、書き写されて伝播されました。まさに「詩を賦《ふ》して志を言ふ」です（資料7）。

それらのうちの一篇「総理を讃える」には「功高く徳重し」「名を史冊《しさく》に垂《た》る」の句が見え、「功」「徳」「名」と士の伝統において馴染み深い語彙が並んでいます（資料8）。「史冊」は「史策」のこと。史官たちがその記録に命を懸けることもあった簡策であり、それに記録されないこと、歴史に名が残らないことを陸游は「千年の史策、無名を恥ず」（前出）と嘆きました。死者の功と徳を顕彰し、死者を弔おうとして出てくるのが、「名」の永遠性であり、それを保障するのが「史策」であるところ、伝統とは「深層心理領域において識域下の無意識の領分(24)」を支配するものなのだと痛感させられます。

運動は次第に文革批判に発展する様相を見せ、運動を押さえ込もうとする当局側と民衆の衝突が発生し、反革命事件として関係者の捜索・取り調べが行われ、周の後継者と目されていた

22 『漢語大詞典』（上海辞書出版社、一九八六年）の定義。職業例として、教授、エンジニア、医師、会計士、編集者、記者、文芸工作者を挙げる。

23 周恩来は死去に際し散骨を希望し、墓を残さなかったため、周が揮毫《きごう》した銘文が残る英雄記念碑が追悼の場となった。

24 レオン・ヴァンデルメールシュ『アジア文化圏の時代』福鎌忠恕訳、大修館、一九八八年、一七八頁。

資料7　周恩来追悼の花環と詩文

資料8　追悼詩「総理を讃える」

実務派トップ鄧小平が黒幕とされて失脚する大事件となりました（第一次天安門事件）。

一九七六年に四人組逮捕によって文革が終焉すると、七八年には運動が再評価され、当時の追悼詩を集めた詩集が刊行されました。運動に集《つど》った若者の動きはその後の文芸復興へと繋がり、詩のジャンルでは、北島《ほくとう》など朦朧《もうろう》詩《し》派という詩人グループが登場します。当時、広場に貼り出された詩文は自発的グループによって採集され、詩集に編《あ》まれましたが、民の声を伝えるものとして詩を採集するという点は『詩経』を想起させます。ひとつの政治運動が終わった後に詩集が残り、一群の詩人たちが生まれているということ、ここには「士」と「詩」の伝統の双方が指摘できます。

第二次天安門事件

一九七九年からは復活した鄧小平が主導する改

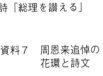

革開放政策が始まり、八〇年代は自由化の模索が続きます。一九八六年、天文物理学者の方励《ほうれい》之《し》が副学長として学内民主化を進めた地方大学を発端に民主化要求の学生運動が発生し、全国に拡大する様相を見せますが、穏健な改革派であった胡耀邦《こようほう》総書記が責任を問われて失脚すると、運動はそれに驚いたように一気に終息します。それから三年後の八九年は、五四運動七十周年・フランス革命二百周年に当たり、年初から方励之や詩人・北島ら著名知識人による民主化要求の公開書簡や署名運動が続き、嵐の到来を感じさせる気配がありました。そんな中の四月に失脚したままであった胡耀邦が急死、大学生による追悼行動が民主化要求運動へと発展し、学生に対する市民の支援も拡大。天安門広場の占拠状態が長期化する中で政権内部では事態への対処をめぐって改革派と保守派の対立が先鋭化、改革派が失脚すると、六月四日未明に軍による強制排除が行われて終結します（第二次天安門事件・六四事件）。事件後の弾圧を逃れて、方励之をはじめ多くの知識人・学生が亡命し、北島・黄永玉《こうえいぎょく》をはじめ当時国外にいた多くの知識人・学生が帰国を断念しました。こうして、この事件はこれまでにない大量の知的「流亡者」を生み、ディアスポラとも表現されました。

筆者もリアルタイムで目撃した二カ月に及ぶこの運動の展開の中では、ここまで見てきた「士」「史」「詩」の伝統を背景とした語彙が頻出しました。街頭に溢れた横断幕や次々と発表された宣言文などには、明末清初の士人・顧炎武の言（前出）に基づく、五四運動期のスローガン「国家の興亡は匹夫も責有り」など、近代の学生運動・文化運動からの語彙が縦横無尽に散りばめられただけでなく、辛亥革命をあっさり遡って、清末、明末清初、宋、唐……と史策上の語彙が繰り出され、それは、紀元一世紀・漢代の太学生による中国史上最古の学生運動(25)以来の、〝学ぶ人〟の政治参与の系譜に連なっていくように思われました。

五、ユートピア思想——この世はどうあるべきか

「ユートピア」（理想社会）とは、「われわれはどう生きるべきか」「この世はどのようであるべきか」という問いについての考えや価値観を形にしたものと言えます。ある社会の人々の間に広く共有されるユートピア思想には、その社会の社会正義に関する考えが反映されています。本節では、中国文化におけるユートピアとはどのようなものでしょうか。本節ではこの問題を考えてみたいと思います。

ところで、「中国」に日本の（世界の？）人々が感じる「遠さ」の原因の一つに「共産主義」「社会主義体制」という要素があるのではないでしょうか？　それは日本における「古典中国」と「現代中国」とのイメージの断絶、つまり前者に感じる親しみと、後者に感じる〝とっつきにくさ〟の主要な源泉の一つであるかもしれません。しかし、意外にも（？）「共産主義」は

中国ひいてはアジアの伝統文化と共振する面があります。この点を知ることで、「共産主義」というヨーロッパ起源の思想が、文化的基盤を異にする東アジアの中国、また伝統的に長く中国文化圏に属した地域（北朝鮮やベトナム）で〝根付き〟、二一世紀の今も社会主義体制の国家が存続する、一見不可思議な今日の現象が腑に落ちるかもしれません。

（一）核心理念――大同思想

中国のユートピア思想といえば「大同思想」が挙げられます(26)。出典はまたしても『礼記』（礼運篇）です。「大同」は孔子が弟子の問いに答えて、かつて実在した、最善の社会として語られます。ユートピアという理想にも、天国や西方浄土のように天使や仏が登場することなく、歴史の始まりに人の世に実在したこととして語られるところに、尚古主義的（古きを尊ぶ）で現実主義的という中国文化の特徴が表れています。

大道之行也、天下為公。選賢与能、講信修睦。故人不独親其親、不独子其子、使老有所終、壮有所用、幼有所長、矜寡孤独廃疾者、皆有所養。男有分、女有帰。貨悪其棄於地也、不

25 「太学」は漢代の最高学府。後漢末には太学生三万人を中心に当時の政権の腐敗・不正を批判する運動が起こり、これに対し「党錮」と呼ばれる大規模な弾圧が行われた。

26 中国のユートピア思想といえば「桃源郷」を想起する人も多いかもしれない。「大同」が儒家系統であるとすれば「桃源郷」は道家系統と言える。本書ではここに注記するに留める。

必藏於己。力悪其不出於身也、不必為己。是故謀閉而不興、盗竊乱賊而不作。故外戸而不閉。是謂大同。

［現代語・大意］

大道が行われる世では、天子は天下を公有物として、徳や才のある者を抜擢し、その言には偽りがなく、民を慈しむ。このため、人々は自分の親や子だけを大切にするようなことはない。老人は安心してその生を終え、青壮年はその力を発揮する場があり、子供は健やかに成長を遂げ、夫や妻に先立たれた老人・孤児・子のない老人・障害者はみな充分に保護を受ける。男はみな自分の職分を持ち、女はみな良縁に恵まれる。財物を粗末にはしないが、私蔵することはしない。労力を出し惜しみはしないが、自分のためだけに用いることもない。こうして、謀《はかりごと》は起こらず、盗みや騒乱もない。だから、人々は外の扉を施錠することもない。このような世を「大同」と言う。

原文に傍線で示した「天下為公」（天下を公と為す）とは「大同」思想のキーワードで、政治権力の交代が「世襲」（血統が繋がる者に引き継ぐ）ではなく、「禅譲《ぜんじょう》」（優れた相応しい人物に位を譲る）で行われることを指します。「選賢与能」（賢を選び能に与《くみ》す）は具体的なあり方です。「賢」は現代日本語での理解とは異なり、道徳的に優れていること。「能」は能力があることで、つまり人徳と能力がある人物を登用することです。社会の構成員全てがそれぞれ必要なケアを適切に受けられる。経済的人的資源を個人が独占せず、社会全体の利益になるよう用いる。実在した社会として語るだけあって、非常に具体的で、ちょっと選挙公約のようです。男性が外で働き、女性は家庭を守るという考えは古いですが、この内容は日本の弥生時代に当たる戦国から前漢にかけて出来上がったと考えられますから、時代的制約と言えます。

つづいて、時が流れて「大同」が去り、最善ではなくなったが、まだ良いところもある次善の世として、「小康」が語られます。

今大道既隠、天下為家。各親其親、各子其子、貨力為己。大人世及以為礼、城郭溝池以為固。礼義以為紀、以正君臣、以篤父子、以睦兄弟、以和夫婦、以設制度、以立田里、以賢勇知、以功為己。故謀用是作、而兵由此起。禹、湯、文、武、成王、周公、由此其選也。此六君子者、未有不謹於礼者也。以著其義、以考其信、著有過、刑仁講譲、示民有常。如有不由此者、在勢者去、衆以為殃。是謂小康。

［現代語・大意］

今、大道は行われなくなって、天子は天下を我が物として（世襲して）いる。（そのようであるから）人々は自分の親や子のみを大切にして、財物や労力は自分のために用いる。（天子の臣である）王たちも位を世襲することを決まりとし、城壁や堀で防御する。礼儀を示して、君臣を正し、父子を篤くし、兄弟を睦じくし、夫婦を和し、制度を設け、田畑と宅地を定め、勇と知を尊び、功績を立てるのも己のためである。こうして、謀が起こり、戦争が起こる。（夏・殷・周の）禹・湯・文・武・成王・周公の六君子はみな礼を重んじて世を治めた。礼の意味を明らかにし、信義を説き、誤りを明らかにし、思いやりを称え、譲り合いを教えて、民に礼の規範を示した。……中略……このような世を「小康」と言う。

「小康」では「天下為家」（天下を家と為す）ようになります。天子の位をはじめとして、民間人の暮らしまで「私有」されることによって、人々は他人より自分の身内を大切にし、城壁や堀、道徳、制度が必要となり、謀略が、戦争が起こるようになる。このため、（夏・殷・周という歴史記録が残る古代王朝において治世に成功したとして知られる）六君子たちは民に礼と道徳を教えて世を治めた、と説かれます。伝承ではそれまで禅譲が続いていたものの、夏王朝の禹からは天子の位を世襲するようになったとされており、「小康」の描写は現実の社会に近い。一方、理想である「大同」は、社会資源が公有され、私有財産や階級階層が存在しない原始共産制的社会であることが分かります。

キー概念となるのは「公」と「均」です。「公」に対して「私」は否定はされませんが、価値としては「公」が「私」に優ります。「公」は社会資源が構成員によって公有され、各々が「均」等の権利を持つと観念されます。これは、次に取り上げる「家」の例にも表れていますが、中国の民衆に広く共有されている価値観を反映したもので、ある時期に誰か一人の思想家

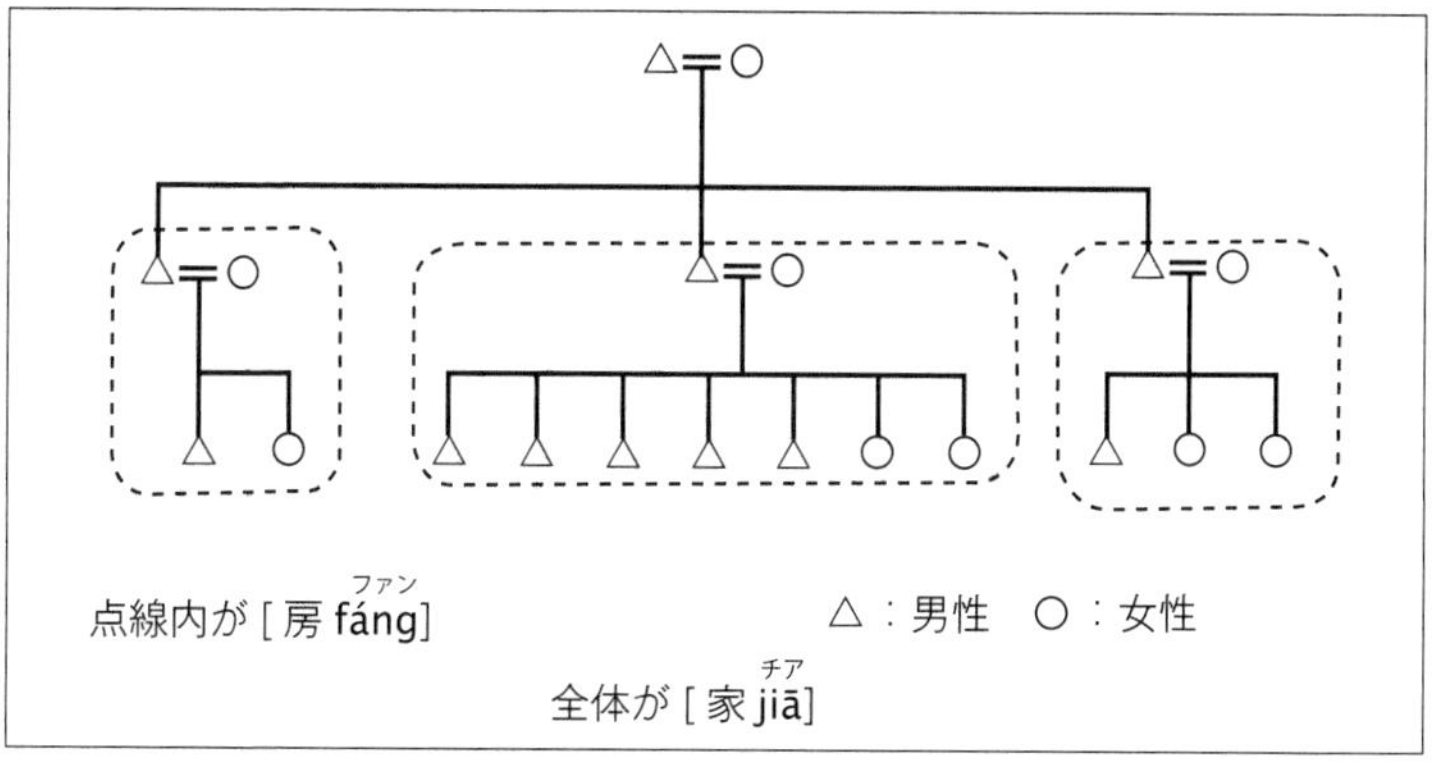

資料9　伝統社会における家の構造

が一から考案したといった性質のものではなく、基層社会（郷村社会・民衆）の価値観を基盤として、知識人による整理と洗練を経て体系化されたものと考えられます。

㈡　大同思想を生む社会的基盤の一例
——家制度

家はいずれの社会においても社会の最小単位であり、その社会の人間関係の特質を形成する主要な要因の一つとなります。中国のユートピア思想の土台を理解するために、ここでは、この家の仕組みをその社会が理想とする価値の具体的現れとして見てみましょう。

一対の夫婦とその子供たちからなる核家族を［房《ファン》］といい、伝統期の［家《チア》］は複数の［房《ファン》］から成る拡大家族でした（資料9）。父系男子の同世代、つまり兄弟は父の「分身」として結婚した後も同居し、［家《チア》］を形成しました。［家《チア》］内部では、財産や構成員の収入は「公有」さ

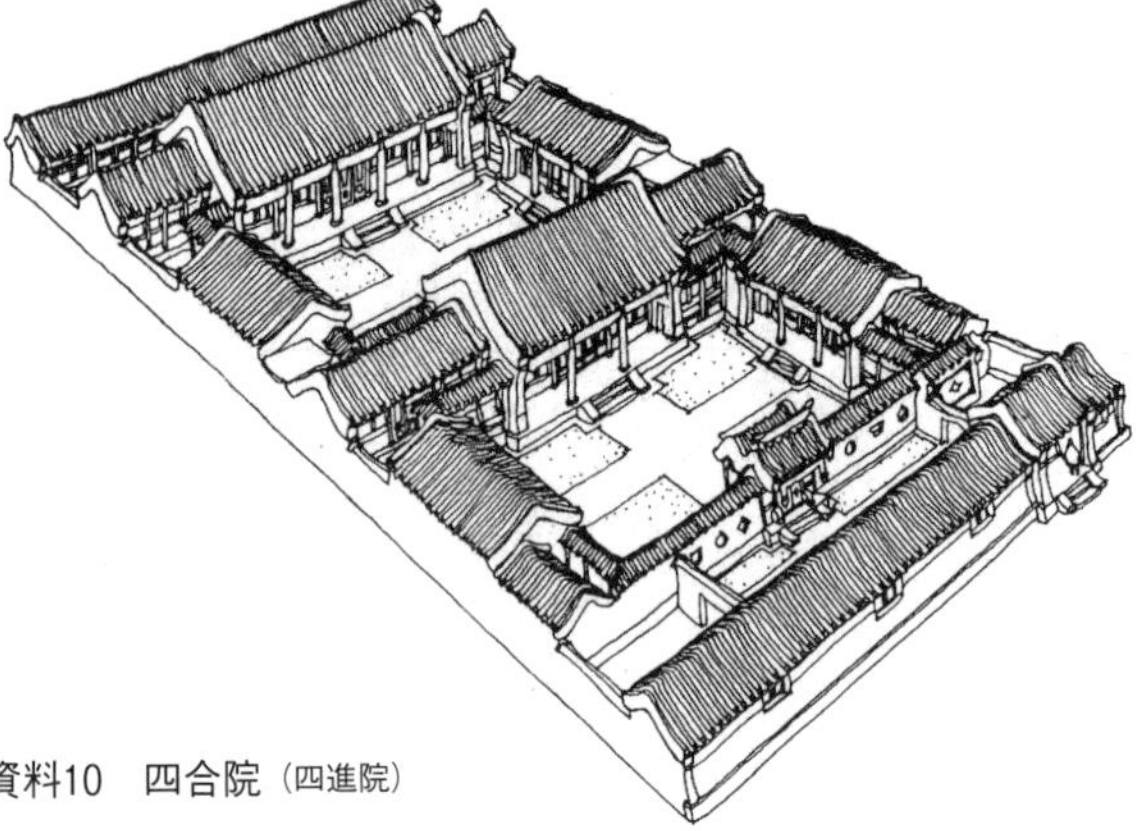

資料10　四合院（四進院）

れ、食料や衣料など生活上の支給は「房《ファン》」単位で「均分」されました。これを「同居共財」と言います。四世代、五世代と代を重ねて同居を続けることが理想でした。「家《チア》」の舞台となる建物としての家は、この「房《ファン》」と「家《チア》」の関係を実体化した形になっています。序章で見た「四合院」（資料2）です。街路に対して塀で囲い込まれた方形の空間が「家《チア》」で、中庭を囲んで、独立しつつ、繋がって建つ建物を「房《ファン》」と言い、「家《チア》」を構成する核家族は一つの「房《ファン》」に住み、「房《ファン》」と呼ばれる。長男の「房《ファン》」なら「長房《チャンファン》」といった具合です。資料2は一進院で、「四合院」の基本形ですが、世代を重ねて「房《ファン》」の数が多くなると、院を重ねていきます（資料10・四進院）。

　中国の家がこうした形となる背景には、「父子同気」という伝統的な生命観があります。父と子（息子のみ。娘は含まない）は身体は別だが気は同じ、「分形同気」であるという考えです。父が死んでも次の世代に「気」は続いているので、息子が四人いる場合は、四人は父の「気」を引く「同気」の関係ですが、四つの肉体に「分形」しているので、「家《チア》」の資産を共有（公有）しつつ、必要な経費や資源は四者で均等に得るのです。

「同居共財」する関係においては、「家《チア》」が「公」で、「房《ファン》」は「私」になります。核家族「房《ファン》」の「私」的な願望や感情を抑え、子は親に孝を尽くし、兄は弟を慈しみ、弟は兄を慕い……世代を重ねて同居を続けるのが理想ではありましたが、実際には四世代以上の大家族の割合は多くはありませんでした。上述したように、道徳的価値は「公」が「私」に優りますが、「私」も完全否定はされません（というか、現実を認めざるを得ない）。成人して妻帯し、子を持つようになった息子たちは、親世代が死去した後に「同居共財」関係を解消することが少なくなく、これを「分家《フェンチア》」といいます。日本語の「分家《ぶんけ》」とは異なり、「家《チア》」の資産を兄弟で均等に分割し、それぞれの「房《ファン》」が新たに「家《チア》」となり、新しくできた「家《チア》」の内部では「同居共財」が続けられます。

ここから中国の家にとって、財産の公有と均分は生命観という根源的な価値感に基づいた本質的なものであることが分かります。それはまた公有と均分が中国の社会と文化にとって根源的本質的な正義であることを示しています。

こうした根源的本質的な点で、日本は違いを見せます。古代の時点で中国文明に接触し、日本文化史を中国文明の受容を除いて語ることは難しいにもかかわらず、です。ここで見ている家制度に関しては、「大宝律令」（七〇一年制定）がよく知られます。「大宝律令」はほぼ唐律の翻訳版と言えますが、［分家《フェンチア》］の箇所は遺産相続に変化しており、日本では兄弟間の均分は行われず、家産は子供世代のいずれか一人に継承される一子相続が続きました。つまり、中国文明を導入してのクニ造りに邁進しつつも、「父子同気」「分形同気」といった生命観、それに基づく家族の「同居共財」、社会正義としての「公」「均」といった文化要素は根源的本質的な次元では受容していない、ということです。

このことが、日本の社会と文化が中国のそれらから古代に始まり近代に至るまで、膨大な道具立てを導入して自らを形成してきており、見かけ上は共通の形態が多く見られる一方で、人と社会に何か根源的本質的な違いを感じさせる主要因であるかもしれません。

例えば、「均分」が社会正義であれば、家の中で、また、その延長線上にある社会において、自身の取り分を主張することは正義です。日常生活で自己主張の訓練を続けて暮らすことが、「自己主張が強い」という日本における典型的な中国人像に繋がっているように思います。筆者は華人系企業で勤務した経験がありますが、生真面目で普段は寡黙な人が構成員への利益配分については最も強く主張し、それが正義感に支えられていた様子であったことが思い出されます。

三 現代における現象

孫文は辛亥革命の指導者、中国革命の父として日本でもよく知られていますが、大同思想が理想とする「天下為公」（天下を公と為す）を革命が目指す理想として掲げました。南京にある孫文の陵墓・中山陵には「天下為公」の語が刻まれています。孫文は革命の資金を集めるために世界各地の華僑に支援を求め、各地を実際に訪れて演説を行ったりもしていますので、華僑社会との縁が深く、サンフランシスコ、シカゴ、神戸など世界各地のチャイナタウンにも、そして、もちろん孫文を建国の父とする中華民国が存続する台湾でも故宮博物院など重要な建築物に掲げられています。その台湾で制作された映画に「A Confucian Confusion」（エドワード・ヤン監督、一九九四年）があります。英語題を直訳すると「儒者の困惑」。台湾に住む人々を「孔子の末裔」として、孔子の死後二千年以上経《た》った現代の子孫たちが、孔子が想定もしなかった物質的豊かさの中で困惑する、とする作品です。作品は孔子と弟子との対話（『論語』子路篇）を映し出す無言の画面で始まります。

冉有《ぜんゆう》曰く「この先、何をすべきでしょうか」
孔子曰く「人々を豊かにしよう」
冉有曰く「人々が豊かになったら、何をすべきでしょうか」

一転して場面は現代台北の劇場となり、そこで記者たちを前に劇作家が「大同」を理想として持ち出し、「大同」とは「民主主義」なのだと持論をぶちます。

一方、大陸中国、中華人民共和国では、社会主義体制を採っているわけですが、そこで、この数十年間、国家の達成目標として掲げられてきたのは「小康」です。一九七六年の毛沢東死去によって、一〇年続いた文化大革命がようやく終焉。その後の改革開放の時代を率いた鄧小平が掲げたのが「小康社会」の実現です(27)。その後の中国では市街の目立つところに「小康社会」の実現を謳《うた》う色鮮やかな大看板が掲げられ、まさに時代のスローガンでした。

二〇一三年から最高指導者の地位にある習近平は「中国夢」を掲げて国力増強に邁進、米中対立を招来していますが、「小康」の「全面的」実現を目標として掲げました。「小康」の次は最善の状態である「大同」ですから、おいそれと日程に挙げられず、さりとて「小康」の国家目標がいつまでも未達成ではまずいので、全社会のあらゆる面を指す「全面的」を付け加えたものと思われます。ついに二〇二一年七月の中国共産党成立百周年大会で「小康社会の全面的実現」が宣言されましたが、次なる「大同」については言及がないままになっています。

最後に、中国文化圏における現象に触れておくと、ベトナム建国の父ホー・チ・ミン(胡志明、一八九〇〜一九六九)が「大同」思想を共産主義受容の基盤となるアジア的伝統として語っています。

共産主義がアジアに容易に、ヨーロッパよりも容易に浸透することを可能にする歴史的条件を見てみよう。（中略：公有制のアジア的淵源として井田制《せいでん》について語る）……偉大な孔子は、大同という説を提唱し、財産の平等という説を広めた。彼は、「大同の世界になれば天下は太平になるだろう」「足らざるを憂えず、等しからざるを憂えるのみ」「平等は貧しさをなくす」などと述べている（後略）(28)。

ホー・チ・ミンは、この後に続けて、孟子について語っていきますが、中略した部分で語っている「井田制」も、五経のひとつ『周礼』や四書のひとつ『孟子』を出典とするもので、土地の公有制に関する思想の淵源となっています。

日本にも「井田制」の理念が伝わったことは学校教育でも学びますが、現代日本においても「天下為公」が保守政治における理想として登場します。麻生太郎元首相が二〇〇六年に設立した政策集団「為公会」（二〇一七年に「志公会」へ）の設立趣意は「大同」「天下為公」を政治理念として掲げ、こう述べます。

古代中国の経書、礼記の一説《（ママ）》にある為政者の政治理念を説く言葉で、「大同の世界を建

27　最初の言及の記録が残るのは日本の大平首相との会談の際の発言（一九七九・二・六）。
28　ホー・チ・ミン「国際共産主義運動・インドシナ」古田元夫『アジアのナショナリズム』（山川出版社、一九九六年）、二四頁所引。

設する」の意である。政治的決断を迫られた幾多の局面において、常に私の頭にあった大切な言葉である。

昨今、「公」という言葉からその重みが失われつつあるが、自由、民主主義は「公」の概念がなければ成り立たない。そして為政者には、今、この「公」の重みを取り戻し、国家が公共全体の為にあるべく政《まつりごと》を行い、蒼生安寧を図ることが求められている。

今ここに、天下が「公」の為にあるという崇高な理念の下、政策研究・立案を行い、我が国が持つ底力を引き出すべく活動していく政策集団「為公会」を設立する(29)。

二一世紀日本で、この二年後には首相となる政治家が『礼記』を出典とする政治理念を座右の銘として掲げ、その核心理念である「公」を現代日本の政治が実現しようとする自由と民主主義の基盤として説いているのは大変興味深いことです。ちなみに、余談めきますが、現代日本語でいう「小康状態を保つ」の「小康」は当然「大同」に対し次善である「小康」からきており、「最善ではないが、まずまずの状態」という意味です。

※　　※

ここまで述べてきたことをまとめると、儒家思想に代表される伝統的思想体系は民間の価値観を集大成して体系化された側面があり、それは「大同思想」も同様です。本節ではその一例として家制度を見ました。ベトナムの事例が示すように、「大同思想」は中国文化圏に伝播し、現地で受容される中で現地社会の思想的伝統となりました。「大同思想」の核心にある「公」「均」という社会正義の意識は、近代になると、中国および中国文化圏において、欧州起源である共産主義思想と共振し、知識人から一般大衆に至るまで、伝統的価値観に引き付けて受容されました。一方で、日本や台湾の例からは、二〇世紀にアメリカの影響を強く受けた社会において、「大同」＝民主主義という現地化を遂げたことも見えます。

29　志公会　HP：https://jun.or.jp/ikoukai/、二〇二四・四・一三現在。

第Ⅲ章　中国が日本をつくった？

——日本が中国と持ってきた文化交渉史（歴史の曙から近世まで）

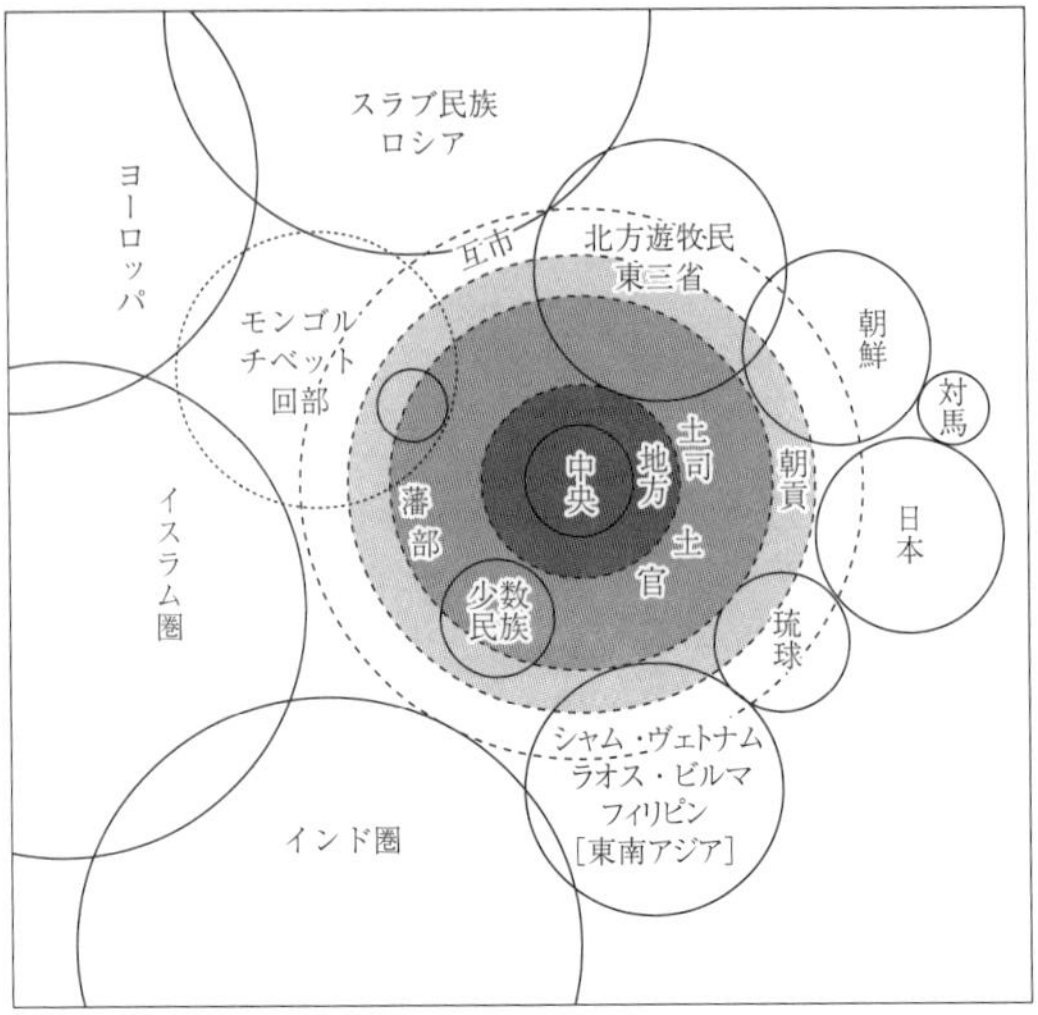

資料11　中華世界秩序（前近代における東アジアの地域秩序）と日本の位置（清代を中心に）

一、「統治の圏外」「文化の圏内」
——中国文化圏における日本の位置

日本が中国と持ってきた文化交渉史を見るために、まず、前近代における東アジアの地域秩序とその中での日本の位置を確認しておきましょう（資料11）。

資料11が示すように、日本は中華世界の外縁部に位置します。このことは日本のあり方を決めた決定的要素といえます。なぜなら、中華世界秩序の中心からの地理的距離はそのまま秩序からの距離（政治的距離）に繫がるためです。日本は、統治については圏外であり、直接的な統治下にあったことはありません。朝鮮王朝とは異なり、歴史的に朝貢国であったかどうかにも議論があります。一方で、文化的に圏内であることは明らかです。日本は歴史の曙と言える時点からその文化的恩恵を享受してきており、それは後に見るように、近代には国民国家成立の基盤としても機能しました。しかし、あくまで現地の統治権力による取捨選択を経た導入が主流であり、（これから見る）中国王朝の統治が及んだ第1・第2ゾーンの状況とは大きく異なる第3ゾーンに位置します。

二、中華世界の内部構造——中心から外縁へ

ここでは、王朝期の中国世界内部の中心からの政治的距離と今日のあり方との繫がりを清朝期をモデルに見ていきます。続けて**資料11**を参照してください。

第1ゾーン（中央＋地方）……**定住農耕・集住・中央集権が可能な地域**

磁場の核心となる地域です。平野を基調とする地形と農耕を可能とする十分な降水をもたらす気候を有する地域であることから、定住農耕が可能であり、大きな人口を養えるため、都市

を営んで集住することができ、中央集権的統治が可能となる地域です。

理念上は、このゾーンでは、領域全体を行政区とし、中央から官僚を派遣して中央集権的統治が行われます。具体的には「郡県制」と言い、全領域を郡に分け、郡内には県を置き、中央から官僚を派遣する。官僚の権力は任期限りで、世襲することはできない。つまり、皇帝の一点を除いては世襲の権力を廃除するのがポイントです。

秦はこれを実現しようとしましたが、一四年の短命に終わりました。後を承《う》けた漢はこの教訓から「郡国制」を採りました。中央から遠く離れた辺境地帯に「国《こく》」という世襲領地を設け、皇族や功臣などを「国王」として、支配地域と支配権を世襲させるものです。これらの王は周の制度と同じく、皇帝とは君臣関係になりますが、しばしば謀叛の罪に問われて「国」を取り潰されていきます。中央にとっては、「郡国制」は皇族や功臣の不満を抑えるための妥協策であり、目指しているのは「郡県制」であることが分かります。このゾーンにあった地域は現代では北京や上海などの直轄市および河北省、河南省など地方行政区となっています。

第2ゾーン（辺境地域）……集住に不向きで、中央集権的統治が難しい地域

中国域内ではあるものの、中央から地理的にも離れ、政治的磁力も弱まる辺境地域を形成しています。気候および地形の影響から、定住農耕・集住に不向きなため、中央集権的統治が難

しい地域です。このため、第1ゾーンで採用された妥協策「郡国制」もそのままでは適用することは難しく、儀礼的に（形式的に）適用して、間接的な統治が行われました。更に、この地域は次の二地域に分けられます。資料11では同じゾーンの中で、およその地理的関係を反映して、東南部と西北部に描かれていますが、政治的には①より②の方がより中央から距離があります。

① 土司・土官地域

降水量が多いものの、山がちな地形で、茶の生産や焼畑農業などが行われるものの、一部の盆地や平野を除いては、大きな都市を営むような定住農耕・集住には不向きな地域です。理念的には第一次統一期で成立した「天下」（中国領域）の範囲内ですが、実際には清朝末期まで直接的統治が及ばず、現地の世襲の長に中央が官位を与えて、「郡県」の官僚に儀礼的に見立てる形を採るのが主流でした。「土官」は文官、「土司」は武官です。現代では、広西チワン族自治区、雲南省、貴州省および四川省の一部に当たり、多くは少数民族の自治地域となっています（規模により自治区・自治州・自治県などがある）。

② 藩部

満州から起こった清朝が服属させた四族のうち長城内の「漢」を除いた「蒙」（モンゴル）「回」（ウイグル）「蔵」（チベット）を清朝は「藩部[30]」と総称しました（資料5）。最後の王朝が中国世界に取り込んだ新しい地域で、当然、第一次統一期で「天下」が成立した時点では「天下」の範囲外でした。長城の外、西北部に広がる降水量の少ない草原・高原部で、定住農耕・集住が難しいだけでなく、牧畜をするにしても同じ地点に長く留まることはできず、小さな規模で遊牧する必要がある地域です。清朝はこの地域の諸部族の長を「藩王」に冊封して、元来の風俗習慣や統治形態を温存したまま間接統治しました。第1ゾーンで妥協的に設置された「王」を儀礼的に適用したもので、「土司・土官」地域より更に政治的にも中央から遠く、独立性が高い地域です。現代では、内モンゴル、新疆、チベットなど「自治区」となっているだけでなく、外モンゴルはモンゴル国として現代中国の国外の主権国家となっています。

第3ゾーン（外縁部）……朝貢・冊封関係

この地域は中央から更に遠く、中国世界の外縁と言え、（一部の地域や時期を除けば）中国王朝の版図の外であり、間接的にも統治を受けていません。ここでは、第1ゾーンの「国王」、第2ゾーンの「藩王」を援用して、域外の首長と儀礼的君臣関係を結ぶ形が採られました。これがいわゆる朝貢・冊封関係です。域外の首長が皇帝に「朝貢」するのは、臣下として挨拶に伺い、ある地域を治める「王」であるという承認を請うための儀礼であり、皇帝がその地域の「王」として「冊封」するのは、自らの臣下としてその地を統治することを承認するということとになります。このゾーンにあった地域は現代では、北朝鮮および韓国、ベトナム、日本など、中国に近隣する主権国家となっています。沖縄と台湾については後述します。

ここで朝貢・冊封関係において、朝貢国が臣下として守るべき礼と、宗主国が君上として与えるべき庇護《ひご》について見ておきましょう。朝貢国は時の中国王朝の暦および年号、皇帝から授けられる冠服(31)を採用する一方で、「朕」「詔」「勅」「陛下」「崩」など、皇帝専用の語彙を用いることは禁じられています。こうした儀礼を執る朝貢国に対し、宗主国は国難時の援軍要請に応えるなど庇護する任務を負います。例えば、一六世紀に豊臣秀吉の出兵に対し明が李氏朝鮮に援軍を送っています。

※　※

ここで「中華世界の内部構造」から見えてくることをまとめてみます。

中国的あり方・秩序の必要用件

まず、序章で確認したことですが、文化(人間の営み)の有り様は地形および気候という生存

30 「藩」とは周の封建制に起源を持つ語で、王室・皇室を守る「藩屏」(垣根)の意味。日本の江戸幕藩体制の藩もこれに基づく。

31 具体的には時代により異なるが、朝貢国の位置づけの軽重を反映して、中国王朝における親王や郡王など、異なる格式を適用して授ける礼服の様式。

の基盤となる条件によって規定されていることがよく分かります。定住・農耕・集住が中国的あり方・秩序の必要用件であるということも明らかです。それが中国周辺域において、中国文化圏が農耕に適した東側に偏っていること、地続きの中央アジアなどより、海を隔てた日本の方が中国様式を受容している一見不思議な現象の要因となっています。

礼によって秩序づけられる階層性のある世界

中国世界を秩序づけてきたのは礼制度であり、それは階層性のある世界であるということ。「国」は中央に対し下位に位置し、「国王」は皇帝の臣下です。しかし、礼による上下秩序は（次章で見る）近代世界と比べると儀礼によるソフトな支配でもあります。

中心から外縁へと弱まる磁力

第1より第2、そして第3ゾーンへと、中心からの政治的磁力は弱くなり、統治は緩やかになっています。その結果として、外縁部では別の中心を描く動きが生じますが、それは自らの領域の外縁部に朝貢に類する儀礼を求めるなど、〝中央部〟の秩序のミニチュア版を呈しています。こうした現象を「小中華現象」と言い、朝鮮、ベトナム、琉球、日本の歴史に見ることができます。

日本は朝貢国なのか

第3ゾーン内には更に大まかに二層あり、朝鮮王朝および琉球王朝が明確に朝貢国としての姿勢を示すのに対し、日本はこれから見るように、朝貢に相当する遣使を行いつつも、礼制度の順守姿勢には明らかな違いがあり、これは近代到来時にも、地域の旧来の秩序への姿勢の違いとなっても表れます。二一世紀の今日ではあまり聞かれなくなりましたが、筆者が学校教育を受けた二〇世紀によく耳にした、「なぜ、日本は（中国や朝鮮と違って）いち早く〝近代化〟に成功したのか？」という問いへの答えもここにあります。この点についても後に見ます。

三、日本が中国と持ってきた文化交渉・関係略史

ここでもまずマクロヒストリー的に全体像を俯瞰することにします。

古墳時代　［中国］第一次統一期（秦漢）～第一次分裂期（魏晋南北朝）

日本が中国と持ってきた交渉史では記録に残る最初期です。この時期の記録は中国の史書が頼りです。倭の奴国王が後漢に使者を送り光武帝から金印「漢委奴国王」を、女王卑弥呼が魏に使者を送り金印「親魏倭王」や銅鏡を下賜されるといった記録が中国の史書に見え、中国王朝への朝貢とそれに対応する冊封の形が明確に表れています。朝貢する側にとっては、自らが統治しようとする地域の統治者として中国王朝のお墨付きを得ることが朝貢の目的です。

奈良時代　［中国］第二次統一期（隋唐）

奈良時代の初期には、朝鮮半島、主に百済から中国文化が伝わります。儒学伝来とされる五経博士の渡来、仏教伝来とされる仏像と経典の伝来などを経て、聖徳太子(32)の摂政が始まります（五九三年）。

「冠位十二階」（六〇三年制定）は儒学の徳目である徳・仁・礼・信・義・智の六つの徳目の大小二階で構成されますが、第一章で見たような中華帝国の統治枠組の統治理念と官僚制を導入してクニ造りをしようとするものです。

「十七条憲法」（六〇四年制定(33)）は臣下の心得を示したものですが、第一条「以和為貴」は五経『礼記』（儒行篇）「以和為貴」を引いて和の精神を説き、第二条「篤敬三宝」は「仏」「法」「僧」の三宝を尊ぶべきことを説き、第三条「承詔必謹」は法家系の『管子』の影響が色濃いといったように、全文が漢文（古典中国語）で書かれ、当時入手可能であった中国古典から、儒家・法家・道家・仏教を問わず、統治に役立つと考えた表現を多くは原文のまま断片的に切り取って、コラージュしたものとなっています。

更に、日本から中国王朝に使者を直接派遣したのが遣隋使で、それまでの散発的に朝鮮半島経由でもたらされる形ではなく、多くの留学生・学問僧を送り込み、中国文明の体系的摂取が始まります(34)。この流れの先に大化の改新(六四五年)、大宝律令施行(七〇一年)があります。

ところで、遣隋使といえば、小野妹子が携えた国書に「日出処天子」から「日没処天子」とあったことが隋の煬帝《ようだい》を激怒させたという〝語り〟が日本では今も散見されますが、問題となるのは「日没」ではなく、「天子」が並立する点のはずです。前節で見たように、中国的世界秩序において中心は一つであり、「天子」はその中心に座し、天命を受けて地上を治める唯一の存在です。「天子」を「僭称《せんしょう》」することは、己が取って代わろうとする謀反の宣言となり、本来なら討伐軍が差し向けられるところです。しかし、『隋書』を確認すると「帝これを覧《み》て悦《よろこ》ばず、鴻臚卿(応接担当官)に謂ひて曰く、蛮夷の書、無礼なるものあらば復た以て聞する勿《なか》れ」とあるのが反応の全てで、実に簡潔です。煬帝が喜ばなかったのは確かですが、激怒に相当する感情表現は見当りません。

この点が第3ゾーン内でも朝鮮などに比較して日本が異なる点で、この違いはやはり地理的距離が政治的磁力の強弱と比例しているためです。朝貢・冊封関係は日本では交易の側面に注目が行きがちですが、何よりも安全保障体制であり、臣下の礼を執ることによって謀反の意思

32 「聖徳太子」は死後に贈られた諡名《おくりな》。生前の呼称は厩戸皇子《うまやどのみこ》など。

33 成立年次については諸説ある。これは『日本書紀』説。

34 遣隋使の開始年や回数については『隋書』と『日本書紀』の記述に食い違いがあり、諸説あるが、小野妹子が有名な国書を携えて渡ったのは六〇七年。

がないことを示すことが重要な意味を持っていました。日本は中心に対し、「天子」を「僭称」し、天子のみに許された「朕」「詔」「勅」などの語彙を用いるといった禁を犯していますが、それでも放置されているのは、日本は海を隔てた「東夷」(東の果ての未開の民)とみなされており、ちょうど「士庶の別」(第二章第四節「士の伝統」参照)のように、「礼」の厳密な履行を求められない、そして最も重要な点は安全保障上の脅威とみなされなかったためでしょう。

以上、この時期には、中国文明は当初は朝鮮経由で伝わりますが、やがて中国王朝との直接交渉を始め、中国文明の体系的導入による〝クニづくり〟(天皇制律令国家形成)に取りかかります。注目すべきは、日本には交渉の最初期から中心の秩序から距離があり、〝自立〟への志向が見られることです。

平安時代 [中国] 第二次分裂/被征服期 (五代十国~宋~元)

唐の戦乱を受けて、遣唐使が中止されますが(八九四年)、唐が衰退から滅亡へ向かう中で、中国周辺域ではそれまでに伝来した中国文化が土着化(自立化)する現象が広く見られます。例えば、漢字の影響の上にそれぞれの現地言語を表記する文字が作り出されます(資料12)。

その一例が仮名文字です。この仮名文字を含め、この時期の日本の「国風文化」は中国周辺域に共通する動きの中にあります。

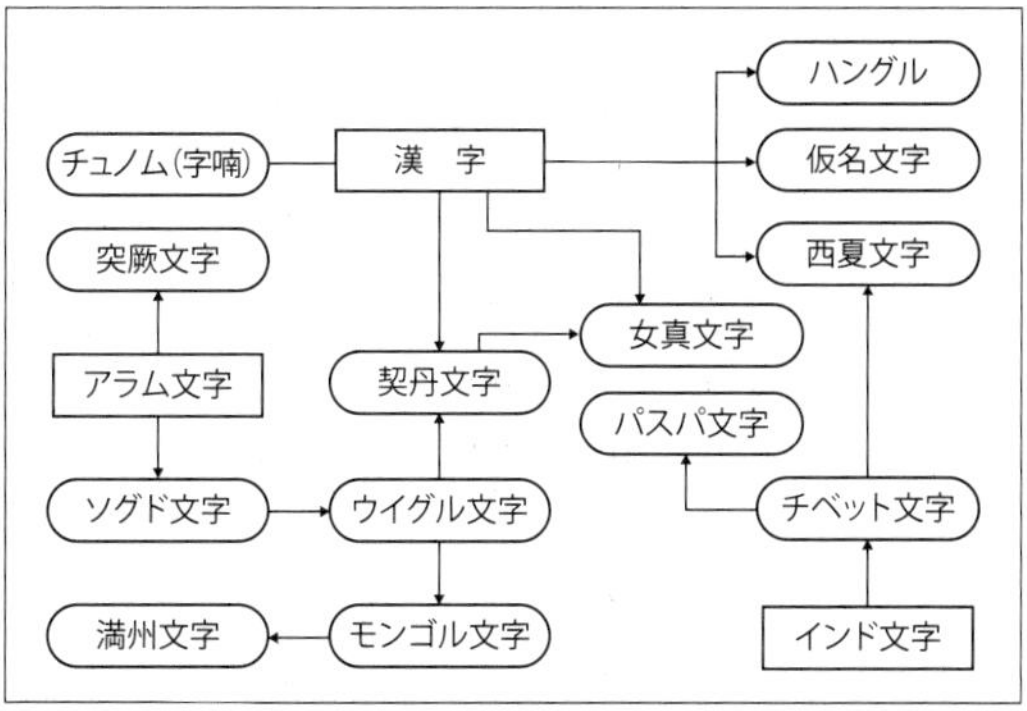

資料12　諸民族の文字と漢字との関連図

以上、この時期には、約三百年にわたる体系的導入と受容の後、その消化が一定レベルに達し、土着化・自立化が始まっています。

南北朝・室町・戦国時代　［中国］第三次統一期（明清）

平安朝末期以降、日本では五百年近く政治権力が流動化し、戦乱が断続的に続きます。こうした状況下で、大宰府を根拠地とする南朝の懐良《かねよし》親王が明に朝貢し、「日本国王」に冊封されます。室町幕府将軍・足利義満は一三七四年、一三八〇年と明に朝貢するも「日本国王」と認められず、南北朝合一（一三九二年）の後、一四〇一年の朝貢でようやく「日本国王」に冊封され、以後一五四九年まで一九回朝貢が行われます（勘合貿易）。朝貢する側からの朝貢の意義とメリットがよく分かります。

江戸期　［中国］第三次統一期（明清）

江戸期の日本は三百年近くにわたり〝天下泰平〟を実現し、経済が発展します。都市では町人の消費力が向上し、芸能・出版・教育等が盛んになり、農山村にも文字・書籍・文化が一定程度波及します。支配階級である武士は官学（統治イデオロギー）となった朱子学を学び、町人・農民といった庶民層にも文字と漢籍教養が波及し、生活規範・道徳として儒教的知識や価値観も浸透します。具体的には後述しますが、長く続いた〝天下泰平〟により経済が発展して出版や寺子屋など文字文化の普及が進み、儒学を中心に中国伝来の文字・文化・思想・道徳が基層社会にまで浸透する時期になります。

四、漢文化の日本への伝来と受容のかたち——漢字・元号・朱子学を例に

㈠　漢字の伝来——文字・語彙・概念……思考および文化の基盤の獲得

日本への伝来と使用のはじめ

日本での漢字の伝来と使用の始めについては、弥生時代説も近年登場していますが、応神天皇一六年に朝鮮から渡来した王仁が『論語』と『千字文』をもたらしたという『古事記』の記載が知られます。ともに文字を学ぶための教材として伝わったものと思われます。「十七条憲法」（六〇四年）、『日本書紀』（七二〇年）と日本の統治権力中枢で公的文献が中国語（漢文）で作

成され始めるのに先駆け、朝鮮半島からこれらに類する初学者用書籍が伝わり、文字の学習と使用が始まったと思われます。

漢字から仮名を生む

奈良時代になると、漢字の知識の普及が進み、仏典等への訓点から「仮名《かな》」が発生します。「仮名」とは、漢字を「真名《まな》」（正式の文字）とし、仮の（便宜的な）文字として名付けたものです。片仮名は、「阿」から「ア」、「伊」から「イ」など、漢字の偏や旁の全部もしくは一部から作ったもの。平仮名は、「安」から「あ」、「以」から「い」のように、漢字の草書体から作ったものです。日本語の一音に対応する表音文字であることから、日本語とは異なる語順である中国語（漢文）で書くのとは違って、これ以降、日本語は、考えるまま書くことが可能となる段階に入ります。

日本語の中の漢字の読みが持つ二重構造の意味

ここで、日本語の中の漢字の読みが持つ二重構造の意味を見ておきましょう。訓《くん》とは、例えば「山」という字の訓は「やま」ですが、漢字の意味に対応する日本語、つまり漢字の日本語訳です。一方、音《おん》とは、漢字の中国音ですが、ただし日本語化した音です。「山」の字で言えば「サン、ザン」です。日本語化が起こるのは、中国語に比べて音数が非常に少ない日本語で表現するため（現代語では、日本語約五〇音に対し、中国語約四〇五音）、中国語の音を忠実に再現することが難しいこと。そのような日本語の中で使用するうちに変形するためです。

日本語の中の漢字音が記録する伝来の波

現代中国語において漢字の発音は大部分が一字一音であるのに対し、日本語の中の漢字音は複数あり、日本語ネイティブですら日常的に悩ませられます。これらの音の層には日本が中国と持ってきた文化交渉の軌跡が記録されています。

①呉音　呉音は、日本語における漢字音の最古層で、日本語の基層に浸透し、次期の漢音に淘汰され尽くさずに残っています。中国南北朝期の南朝の標準音が朝鮮半島を経て日本に伝来したもので、多くは仏教の伝播に伴って伝来し、日本社会の基層にまで浸透しました。呉音で読む例としては、仏教経典の読音を始め、一…十、百、千、万、億（イチ…ジュウ、ヒャク、セン、マン、オク）などの数詞の音など。こうして数や十進法の概念も日本語に入りました。

②漢音　漢音は、直接的で系統的体系的な導入期の音です。遣隋使・遣唐使として隋・唐の都で学んだ僧侶や留学生が持ち帰った北方（中原）音です。八世紀末頃の標準音であり、日本における中国古典の漢文読みでは主流を占めます。例えば、「弟子」は日常語では「デシ」と呉音で読みますが、『論語』学而篇は「弟子《ていし》入りては則ち孝……」と漢音で読みます。この漢音での規範化が試みられましたが[35]、呉音を淘汰し尽く

すことはできませんでした。

以上の呉音・漢音が漢字の日本語音の主要部分を占め、中国文化の導入の黎明期から体系的導入が一段落するまでを反映しています(36)。これ以降は、禅宗や朱子学など、その時々の学術や文化の新潮流を取り入れ、部分的なアップデートが行われるといった形態の伝来・導入となります。

③唐音（「宋音」とも）　一一世紀以降、日本の鎌倉から江戸時代（中国では宋から清）にかけて伝来した字音の総称です。約千年にもわたる長い期間に、中国から渡ってきた禅僧や商人から伝わった個別の単語や熟語がその時々の現代音で日本語に入ったもので、漢音のように体系的ではありません(37)。

④国字　また、漢字には、畑《はたけ》、峠《とうげ》、凪《なぎ》、榊《さかき》、辻《つじ》など、日本で作り出した文字があり、当然ながら、これらには通常は訓（日本語の意味）のみで音（中国音）はありません。朝鮮やベトナムにも日本の国字に相当する文字があると言います。

35　延暦一一年（七九二）、桓武天皇が中国古典の読音には呉音ではなく漢音を用いるべしとする勅を出している。

36　これらは中国語の古音資料でもある。カールグレン『中国音韻学研究』（一九一五〜二六年）は古代中国音研究の参照字音として①高麗（朝鮮）漢字音　②日本「漢音」　③日本「呉音」　④安南（ベトナム）漢字音を挙げている。

37　渡来した中国人は江蘇・浙江・福建などの出身者が多かったため、行灯《アンドン》の「灯」(deng)のように、喉内音ngが呉音や漢音とは異なり「ン」になる等、南方の方言音を反映している。

以上から見えるように、漢字の伝来により、日本語は文字だけでなく、語彙および造語法、更に概念や思考の体系を獲得し、日本の言語・文化・思想を形成していきます。

(二) 元号の使用――クニづくりのユニットの導入と実践

元号の起源は前漢・武帝の建元元年(前一四〇)です。まさに中華帝国の統治構造や統治理念の祖型が登場する時期です。日本では、六四五年に蘇我氏を討滅、孝徳天皇が即位後、その年を大化元年と定めたのが最初です。その後、大宝元年(七〇一)施行の大宝令により公文書の紀年にはそれまで使用していた干支(38)ではなく、元号を用いるよう定められました。元号は、中央集権・官僚制・律令制・天皇制など、中国式政治体制に倣った中央集権的官僚制国家の確立をめざす動きの一環であることが分かります。日本ではこれ以後、元号の使用が断絶することなく今日に至っています(第六節で詳述)。

(三) 漢学・儒学・朱子学の習得と内在化――日本精神の形成と近代化の基盤の醸成

まず、前提として確認しておくと、江戸期の「漢学《かんがく》」とは、中国由来の漢字文献で学ぶ学術全体を指し、薬学などをも含みます。そのうち「儒学《じゅがく》」は儒家の学術であり、「朱子学」は南宋・朱熹が集大成した儒学の一学派を指します。

戦乱を治め、朱子学を官学に

長く続いた戦乱の世を治めた徳川幕府に招かれ、初代将軍家康から四代将軍家綱まで、江戸幕藩体制が創成期から安定期に向かう中、幕府の文教顧問的立場から諸制度を定めるのに貢献したのが朱子学者・林羅山（一五八三～一六五七）でした。その一族・林家は幕府の学問所・昌平坂学問所の「大学頭《だいがくのかみ》」を世襲し、旗本・御家人の子弟教育に当たり、朱子学が官学となる礎を築きました。やがて、朱子学が社会に普及し、町民や農民も四書を読習するようになる一方（このことが持つ意味は次に述べます）、学者たちは朱子学のみに飽き足らず、陽明学や古学派（伊藤仁斎）、古文辞学派（荻生徂徠）など諸学派が発生し、朱子学に限らず、儒学が隆盛しました。こうして、江戸期に漢文化の消化・定着が進行したことは後に明治維新の原動力の一つともなります（後述）。

中国古典の学習法「素読《そどく》」が持った効能とその影響

「素読」とは、テキストを朗誦し、基本的意味を理解するもので、その際に細かな解釈は行いません。これにより文字の形と音と基本的意味、それらが形成する語彙と概念、更に古典中国語の基本的構文と文法を比較的短期間に習得でき、歴史・思想・礼など漢文化全般についての知識を獲得できます。細かな解釈を行わないため、読書進度が早く、多くの文献を一通り読

38　十干と十二支を組み合わせて年月日などを表すのに用いる。六〇で一周する（還暦）。

めること、子供時代に数年、師について四書などを朗読して習えば、後は独力で文献を読解可能であることがそのメリットです。

江戸期には四書五経の素読に基づいた漢籍読書の普及が進行し、読書人口が増大したことから学者や思想家が輩出しました。蘭学が起こる前に、中国で漢文に訳された西洋文献を訓読で読解し、西洋の自然科学を朱子学の語彙と概念(39)で理解していたことは、蘭学・洋学受容の素地となり、それらの語彙はやがて近代中国へ逆流することになります。

儒学および朱子学の名分思想

「名分思想」とはものごとの「名」(名称)と「分」(実態)との一致を求める思想のことで、特に儒家が強調しました。中でも朱子学が重視したことで知られますが、早期の儒家も重視したことは、孔子が、弟子に国政を任されれば真っ先に着手するのは何かと問われて、即座に「正名」(名を正す)を挙げたことにも表れています(『論語』子路篇)。異民族の圧迫を受ける危機の時代であった宋代に形成された朱子学において、君臣・父子など身分や関係に対応する道徳(行動規範)による国家・社会の強化を目指して強化されました。

以上、江戸期には、文字の伝来から千年以上が経過し、〝天下泰平〟のもとで経済が発達し、社会における文字・書籍・文化の普及が進みました。読書の能力が社会の広範な層に浸透し、社会において思考や論議の方法が獲得されたこと、君臣・父子などの名分秩序(儒家道徳に基づく上下秩序）が社会に浸透したこと、これらが相まって尊王攘夷論の土壌となっていきます。

五、近代における離脱・自立の試みと「伝統」としての再定義

ここでは、幕末から明治維新を経て、大日本帝国に至る時期の動きを見ていきます。中国では清末から中華民国の時期に当たります。

中国文化圏からの「離脱」の試み

明治維新では「文明開化」「脱亜入欧」をスローガンに、文明のスタンダードをそれまでの中国文明から西洋文明に転換しようとしました。度量衡は尺貫法からメートル法へ、暦は太陰暦から太陽暦にといった具合です。子細に見れば、幕末から明治維新にかけての体制の転換は流血を伴う厳しい過程であり、そこには激しい思想的葛藤があったのですが、中国との比較の上では相対的に短期間に移行を遂げたため、一見すると単に道具立ての持ち替えであったかのようです。ここに中国・朝鮮との違いがあり、「マクロ」冒頭での問い「なぜ日本は一早く近代化に成功したのか」の疑問を解く鍵があります。日本であまり意識されていない点ですが、中国文化圏における日本の位置が決定的要因としてあります。

39 「格物窮理」など、物事の本質を究めて真理に至ろうとする考究の姿勢を持つ。

地域秩序「再編」への挑戦

西洋列強に伍していける中央集権的国家体制を形成しようとする明治維新は、「大政奉還」(一八六七年)で政治の実権を将軍から天皇に返還して王政復古を果たし、「廃藩置県」(一八七一年)で世襲領地(藩)と世襲君主(藩主)を廃し、統治領域を官僚によって治める行政区(県)に再編していきます。明治維新を担った人々が周の封建制から秦による郡県制への天下再編を意識していたことは用語によく表れています(40)。日本がこのような国内の体制の再編の先に、地域秩序(中華世界秩序)の再編へと乗り出すことについては次章で見ます。

離脱の困難さ

しかし、「脱亜入欧」は離脱の困難さに直面します。困難の要因は、いくら体制変革といっても、日本のこれまでの歩み、特に明治維新を担った人々の頭脳と精神が形成された江戸期の遺産と完全に断絶してのゼロからの出発ということは現実的に不可能であること、そしてその遺産の核心に漢学・儒学・中国古典があったためです。

例えば、漢字は廃止論さえありましたが、日本語は(前節でも見たように)漢字という文字とそれらにより形成される語彙や概念、造語法と分かちがたく結びついており、現実には廃止は不可能でした。漢字と漢字語彙を使い続けることでそれらを生んだ文化基盤との繋がりは続くことになります。

江戸時代の官学であった儒学・朱子学も一旦は廃止しましたが、自由民権運動の高まりへの危機感から、仁・義・忠・孝など儒家倫理を基盤とした道徳教育が「修身」科として復活します。「修身」とは、五経『礼記』（大学篇）に言う「修身、斉家、治国、平天下」の「修身」です（第二章第四節参照）。

また、西洋文明の受容にも中国古典由来の語彙が大いに活躍しました。「文明」「文化」「共和」「選挙」「社会」「経済」「文学」など、夥《おびただ》しい語彙が西洋文明の翻訳に繰り出され、それらはそのまま近代中国に逆流して中国語として通用するほど、中国古典に即したものでした。

最後に、明治維新によって打ち立てた近代国家「大日本帝国」の統治イデオロギーに中国王朝（中華帝国）を支えた思想と語彙を動員したことがあります。例えば、「朕」「詔」「勅」など、天下の唯一の中心を示す語彙として皇帝のみが使用するとされた語彙が近代国家樹立以降も天皇制を支える語彙として使用されます。同じころ、中国大陸では清朝の崩壊とともにこれらの語彙が前近代の史料となるのと対照的です。

「大日本帝国」の精神的指針となった「教育勅語」（一八九〇年発布）の基盤にも儒家思想が抜きがたく見えます。「教育勅語」は天皇が臣民に与えた訓示であり、小学校教育で徹底さ

40 「廃藩置県」とは「藩を廃し県を置く」こと。「藩」は周の封建制を支えた諸侯国である「藩」、「県」は秦が敷いた「郡県制」の「県」に基づいている。

れ、社会に浸透しました(41)。そこで説かれる道徳は儒学が唱えた「三綱五常」(君臣・父子・夫婦という社会を構成する三本の太い綱と仁・義・礼・智・信の五つの徳目)を下敷きにしたような内容ですが、「三綱五常」とは家族道徳を社会に押し広げて社会を律しようとするものです。家族間の上下関係を受け入れ、守ることを徹底することで、どのような政治的効果が期待できるのかは、『論語』学而篇「其の人と為りや孝弟にして、上を犯《をか》すを好む者は鮮《すくな》し。上を犯すことを好まずして、乱を作《な》すを好む者は未だ之れ有らざるなり」(親や兄といった家の中の上位者を敬い従う人間は家の外でも上位者に歯向かわない。上位者に従う人間は乱を起こしたりしない)によく表れています。「大日本帝国」の精神的支柱に儒家思想があることは、その終焉を告げる「終戦の詔勅」(一九四五年八月一四日)が語る決意「万世の為に太平を開く」が朱子学の代表的テキスト『近思録』収録の張横渠の言であることにも象徴的に表れています。

六、「日本の伝統」としての再定義(具体例)——元号を事例として

離脱が困難であるなら、どうするか。日本が採った方法は「日本の伝統」として再定義することでした。ここでは日本近代の葛藤と格闘を元号を例に見ていきます。

元号について、近代以降の動きを確認すると、中国では清朝終焉とともに廃止されます。朝

鮮では朝貢国として中国王朝の元号を用いていましたが、明治日本によって中国との冊封関係から切り離されて独自の元号を制定するも、日本による併合によって終焉しています。こうして歴史上かつて元号の使用が見られた地域で二一世紀の今日も元号を使用しているのは日本のみとなっています。

近代日本の元号にみえる中国の政治伝統の要素

次に示すように、全て五経を出典としており、政治の行い方や為政者のあり方の理想を示すものとなっています。

「明治」……『易』説卦伝「聖人南面して天下に聴き、明に嚮《むか》ひて治む」
「大正」……『易』臨卦彖伝「大いに亨《とほ》りて以て正しきは天の道なり」(42)
「昭和」……『書』堯典「百姓昭明にして、万邦を協和す」
「平成」……『書』大禹謨「地平らぎ、天成る」

新元号「令和」にみえる断絶と継続と離脱の困難さ

二一世紀に入ってからの、新元号「令和」には、これまでの経緯からの断絶の志向と、やはり継続していくもの、離脱の困難さの三点が見えます。

41 敗戦後の一九四八年に排除・失効。
42 「大正」については出典が未公表のため諸説あるが、どの説も『易』を出典としている。

まず、断絶している点は、中国古典ではなく、日本の古典に典拠を求めた点です。更に重要なことは、政治的意味が不在であること。この傾向は日本国になってからの最初の元号「平成」に既に兆していましたが、「令和」では明確です。継続点は元号の使用です。長く中国文化圏にあった地域でも、今日まで使用が継続するのは日本のみとなりました。これを日本の伝統と再定義して堅持する点は「小中華」現象（前出）にも見えます。最後に、離脱の困難とは、典拠を日本の古典である『万葉集』に求めたものの、出典箇所は『万葉集』の中でも漢文で書かれた序文「初春令月、気淑風和」からであること。更に、この序文は張衡《ちょうこう》「帰田賦《きでんのふ》」の「仲春令月、時和気清」が典拠と思われることです(43)。

筆者はかねてから、現代日本の元号は『万葉集』など日本古典に求めてはどうかと考えていました。二一世紀ついに一歩を踏み出したものの、「令和」以外の候補案も全てが漢語調で、例えば「あけぼの」など〝やまとことば〟では不適切で、格調を出すには漢語（古典中国語）である必要があったようです(44)。漢字から日本語を表現するための文字を生み出した当時、漢字を「真名」（正規の文字）として「仮名」（仮の文字）と名付けた意識の残影を見るようです。

以上、この時期の日本は、中国文化圏からの離脱を志向しながら、中国由来の思想と語彙を日本の伝統として再定義し、近代国家建設に活用しました。

※　※

ここで、中国文化圏の外縁に位置することから形成される日本の特徴をまとめてみると、まず「文化の圏内・統治の圏外」であることが日本の在り方を形成する決定的要素となりました。そこから、日本は自らの統治に必要な文化的要素は取捨選択しながら導入することを可能にする近さと、政治的には距離を置くことを許容されるに十分な遠さを得ました。全く絶妙な位置です。

ここから、地域の序列から距離を置き、別の（日本を中心とした）円を描こうとする動きは、中国との文化的交渉の最初期である遣隋使の国書から、明治維新が目指した脱亜入欧、その後の大東亜共栄圏まで見られます。しかし、その円の核心部分に中国由来要素が抜きがたくあり、「日本の伝統」として再定義することになる、「小中華」現象とも言える現象を呈するところに、この文化的磁場からの離脱の難しさを見ることもできます。とはいえ、日本が中国と持ってきた交渉は〝日本〟形成の歩みそのものであり、日本に定着した中国起源の制度や文化を「日本

43　張衡「帰田賦」は、早くから日本に伝わり『万葉集』をはじめ、日本の文学に多大な影響を与えた梁の昭明太子《しょうめいたいし》蕭統《しょうとう》撰『文選《もんぜん》』に収録されている。

44　「元号選定手続きについて」（昭和五四年一〇月二三日閣議報告）が元号は「漢字2字であること」を求めている。

の」「伝統」と「再定義」することは、史実に基づいた認識であると言えます。

余談ながら、筆者は高校時代に日本近現代に顕著な欧米志向への疑問から「日本の」「伝統」に関心を持ったものの、日本の「伝統」とされるもののほとんどが中国由来であることに悩んで、日本文化の独自性を知りたいと、起源としての中国に目を向け始めました。そのころの疑問の答えが見えてきた気がしています。

第Ⅳ章　日本が中国をつくった？
――日中関係史（近現代）

前章で見たように、近代以前において日本が中国から受けた影響は巨大である一方で、日本から中国へのインパクトはこれといって見られませんでしたが、近現代には日本が中国に与えたインパクトは巨大です。本章では日本であまり意識されていないこの面について見ていきます。

一、マクロヒストリーの視点から

第一章では、百年を一目盛として四千年に及ぶ歴史の流れを俯瞰してみました。このマクロヒストリーの視点から見ると、アヘン戦争（一八四〇年）から人民共和国建国（一九四九年）までの約百年は、政治的軍事的劣勢に陥り、香港や台湾の租借・割譲を迫られ、租界や満州国など広域で主権を失うなど、六百年近く続いた第三次統一期（明清）の後の、第三次分裂期・被征服期のように見えます。あるいは、清朝が滅んだ後を承けた中華民国・中華人民共和国期（一九一二〜・一九四九〜）は第四次統一期のようにも。概念の帝国・中華帝国は続いているかのようです。

この民国と共和国を本書では「双子のRepublic」と呼びます。「双子」というのはマクロヒストリーで見た秦漢や隋唐のように、歴史的段階と課題を共有しているためです。時代的にはちょうど日本の幕末から明治・大正・昭和以降に当たり、前近代から近代へと世界観の大転換を迫られます。「Republic」については追って述べます。

共有しているその歴史的段階と課題は以下二点に集約できます。まず、革命の時代であること。「革命」とは、五経の『易』を出典とする古い語彙ですが、「易姓革命」ともいうように、もともとは皇室の「姓を易《か》える」、つまり王朝交代を意味しました（第Ⅱ章第三節『書』参照）。それが体制変革を目指す「Revolution」の意味に変化します。秦から清まで二千年をかけて成熟してきた中華帝国の統治枠組の否定です。具体的には、世襲君主（皇帝）が廃止され、大総統（民国）や国家主席（共和国）のような任期制指導者に。科挙も廃止され、西洋起源の学校制度と教育内容の導入が始まります。儒学も統治理念の地位を失い、批判の対象となります。元号の廃止もこうした「革命」（皇帝専制の否定）の一環として行われました。

もう一つは、主権の喪失と回復が進行する時期であることです。二〇世紀中国のオフィシャルヒストリーでは、阿片戦争（一八四〇年）を近代の起点とし、五四運動（一九一九年）を現代の起点としていました。それは主権の喪失過程の始まりとそこからの反転、回復過程の始まりという意味付けです。同じ漢字を用いますが、この「近代」「現代」の意味は日本語のそれらとは大きく異なります。この点については後述します。

「双子のRepublic」期は王朝期は終焉するものの、以下のように、最後の王朝からの継承・遺留要素も顕著であり、第三次分裂期か、第四次統一期か、いずれにせよ中華帝国は続いているかのように見えます。

中華民国　約四〇年？（一九一二〜？）　首都：南京

中華民国は清の版図と領域住民を継承しました。辛亥革命は当初は満州王朝を倒して漢人王朝を復興しようとする「滅満興漢」（復明運動）の要素がありましたが、それでは清朝期に中国王朝の版図に入った万里の長城外の広大な地域（満州・モンゴル・ウイグル・チベット）が含まれません。このため清朝の領域とそこに住む住民を統治対象とする「五族共和」を理念として掲げるようになります。

中華人民共和国　約七〇年＋？　（一九四九〜）　首都：北京

中華人民共和国は民国を承ける形で清朝の遺産を正負両面で継承しますが、全くそのままではなく、変化も起こっています。

まず、領域の縮小。共和国の国土は、外モンゴルの独立によって、清朝版図より小さくなっています。共和国の国土の形は雄鶏に例えられることがありますが、ちょうど雄鶏の背中の窪み部分が外モンゴルに当たります（**資料3・5参照**）。次に、住民です。民国期の「五族」から五六民族と一〇倍以上に増加していますが、外部から新たな流入があったわけではなく、この差の五一は清朝・民国期の「漢」から析出されています（第Ⅱ章第一節「漢族」参照）。

ここからは継続・継承された面です。領域の内部構造とそれに対応する統治形態は体制の大転換にもかかわらず、清朝期の基盤をほぼそのまま継承するかたちになっています。清朝期に直接統治が行われた中央と地方に省が置かれ、間接統治地域であった藩部と土司・土官地域は少数民族自治地域となっています（第Ⅲ章第二節 第2ゾーン参照）。

最後に、重い歴史的課題を「双子のRepublic」はバトンを受け渡しながら引き継いでいます。主な二点を挙げると、まず、前近代の王朝から近代の国民国家への世界の組み換えです。次に、清朝中国が失った領域や主権の回復。香港返還や台湾統一はこうした歴史的文脈から出てくる課題です。これらはいずれも巨大な課題であり、清朝崩壊から百年以上を経た現代もまだ進行形であるといえます。

二、日中における「近代」「現代」が意味するものの違い

ここで、前節の導入で言及した「近代」「現代」の日中での意味の違いについて押さえておきましょう。

日本において「近代」(キンダイ)は、幕末の黒船来航(一八五三年)がその訪れを告げる象徴的な出来事となっており、明治維新を経て今日までが連続性をもった時期として捉えられ、「近代化」という語彙が示すように、「進歩」「発展」といった肯定的意味で用いられます。英和辞書で[modernization]を引くと、「近代化、現代化」と二つの語が併記されており、「近代」と「現代」は同義語として扱われています。日本において近代と現代は政治的に地続きであり、分期されていないことを表しています。

中国において「近代」(jìndài)の訪れを告げる象徴的な出来事は、アヘン戦争(一八四〇年)であり、西洋列強による半植民地化や日本による侵攻と占領など苦難の時代であって、当然それを目指すという意味の「近代化」という語は無く、「現代化」との混同も考えられません。「現代」(xiàndài)とは、二十一カ条受諾に反対する学生運動を発端とする五四運動(一九一九

年）が起点とされたことが示すように、上述した「双子のRepublic」の二つの歴史課題である主権回復のための苦闘とその過程であって、「国民創生」が進行する時代と意味づけられています。

日中における「近代」「現代」の意味の違いは、この時期に両者が歩んだ道の違いが生んだものですが、両者は一本の道の上で激しく切り結ぶように非常に深く関係を持ちながら歩んでいきます。

三、近代の訪れに伴う地域秩序の再編

第一節で「双子のRepublic」の歴史的課題の一つに、前近代の王朝から近代の国民国家への「世界の組み換え」があることを確認しました。近代以前の東アジアにあった地域秩序はほぼ中国王朝を中心としたもので（資料11）、抽象的マクロな次元から具体的ミクロな次元まで「礼」によって秩序形成される世界でした。国家間の関係を規定するものとしては朝貢・冊封体制として現れます。政治・貿易システムとして理解されがちですが、より重要なのは安全保障の機能であり、大規模な軍事力を必要としない世界でした。

㈠　境界の違い、世界の在り方の違い

前近代と近代以降の世界の在り方の違いが象徴的に表れるのが境界の違いです。前近代・王朝期の「版図」の境界はゾーンと言えます。幅があり緩やかで包摂的です。その表れが「両属」の存在です。**資料11**が示すように、中国王朝とビルマ王朝やベトナム王朝、あるいは日本の江戸幕府となど、中国王朝の外縁部でその外縁にある統治権力と朝貢・冊封関係に準じた儀礼的交渉・関係を持ち、緩衝地帯を形成していました。

これに対し、近代以降の国民国家の「国土」の境界はラインです。幅がなく排他的で、「両属」のような、どちらでもありどちらでもないといった状態を許容しません。ここから、主権が衝突し、領有・領土問題が発生し、紛争・戦争が起こる、大規模な軍事力を必要とするハードな世界です。

㈡　地域秩序の再編（具体例）——日本による地域秩序再編の試み

日本近代は、いわゆる「砲艦外交」、今風に言うと「力による現状変更」を繰り返しながら、この前近代の地域秩序を再編していきます。以下、周辺域にその具体的・象徴的な表れを見ます。

① 琉球

琉球国は中国王朝と日本の政権との間で両属関係にありましたが、台湾事件（一八七一年）（後出）で琉球の日本帰属が課題となり、明治政府はまず翌一八七二年に琉球国を琉球藩とし、琉球国王を藩主とします。日本の国外から国内に組み入れ、琉球国が結んでいた対外条約（米・仏・蘭）は外務省が継承します。この時点では、琉球藩の管轄は外務省でしたが、三年後に内務省に移管（一八七五年）、清朝との朝貢・冊封関係の停止、日本の元号や行政制度、年中行事などの採用を命じます。第3ゾーンの礼（第三章第二節参照）に照らして考えると、中国の政治圏から離脱させ、ヤマト圏に組み込む措置と言えます。更に四年後の一八七九年に「琉球処分」（廃藩置県㊺の断行）が実施され、琉球藩は沖縄県とされ、日本の行政区となります。

② 台湾

琉球のところで見たように、一八七一年に台湾事件が発生します。琉球（宮古）島民が台湾に漂着した際に、先住民にその一部が殺害されたという事件です。悪天候などによる海難事故やそれに付随する事件は珍しいことではありませんから、この海域でも慣習化した対処があったといいますが、このとき、日本は主権を厳しく追求する近代世界に入っています。殺害された島民が日本に帰属するのかどうか、琉球の両属状態が問題となります。日本は翌一八七二年に琉球国（日本の国外）を琉球藩（日本の国内）とした上で、「自国民」を殺害したことへの懲罰として「台湾出兵」を行います。

それまで清朝は台湾を対岸の福建省の一部として間接統治していましたが、日本の動きに警戒感を高め、一八八五年に台湾省を設置し、中央から官僚を派遣して直接統治に乗り出します。

しかし、朝鮮をめぐって日清が衝突した日清戦争（一八九四年）で勝利した日本は下関条約（九五年）で清朝に台湾の割譲《かつじょう》を認めさせます。こうして、台湾は日本の植民地となります。

資料13　日清戦争関連地図

③　朝鮮

朝鮮は清朝（中国）と朝貢関係にありましたが（資料11）、日本が地域秩序再編に乗り出し、旧来の秩序が流動化する中で、日中露のパワーゲームの渦中に投げ込まれます。紙幅の関係上、一八七五年の江華島事

45　〝本土〟における廃藩置県は明治四年（一八七一）。

件から見ていきます。日本の軍艦による示威行動から日朝の軍事衝突に至る事件ですが、江華島はソウル（漢城）の喉元《のど》のような位置にありますから（資料13）、日本の行動は非常に挑発的です。その背景には、日本が西洋列強の圧迫によって失ったものを朝鮮支配によって補おうとする「征韓論」があったとされます。翌年行われた日朝修好談判で、日本は「日朝修好条規」を突きつけます。その第一条には「朝鮮国ハ自主ノ邦ニシテ日本国ト平等ノ権ヲ保有セリ」とありますが、この「自主」の語は清朝との朝貢関係を否定するためのもので、また「平等」を謳《うた》いながら、実態は治外法権や無関税を認めさせるという不平等条約でした。こうした「修好」「自主」「独立」「保護」といった響きのよいレトリックと実態との乖離に注意しながら今後の展開を見ていきましょう。

以後、「風雲急を告げる」国際情勢を前に、朝鮮では中国王朝（清朝）との冊封関係の伝統を守るか（伝統派・親清派）、新興勢力である日本と結ぶか（開国派・親日派）という路線対立に王室内外の勢力争いも絡み、壬午《ジンゴ》軍乱（一八八二年）、甲申《コウシン》政変（一八八四年）と動乱が起き、これらに日清双方が援軍を出すという緊張状態が続きました。日清は朝鮮をめぐる軍事衝突回避のため天津条約（一八八五年）で今後の朝鮮出兵に際しては相互に事前通告することを取り決めます。

これを受けて、一八九四年の甲午《コウゴ》農民戦争では清朝が朝鮮政府の要請を受けて派兵する際に日本に通告、日本も出兵します。この事態に農民軍と朝鮮政府が急遽和解して農民軍が撤兵したため出兵理由は消滅します。しかし日本は撤兵せず、ソウル王宮を占領、伝統派（閔妃《みんぴ》派）を排除して開国派政権（大院君派）を樹立(46)、更には清朝艦隊を奇襲攻撃、こうして日清戦争（中国語では「甲午戦争」(47)）に至ります。勝利した日本は下関条約（一八九五年(48)）で「完全無欠ナル独立自主ノ国」と、約十年前に朝鮮に突き付けた日朝修好条規の「自主ノ邦」という表現に「完全無欠」「独立」を加え、「因《よ》テ

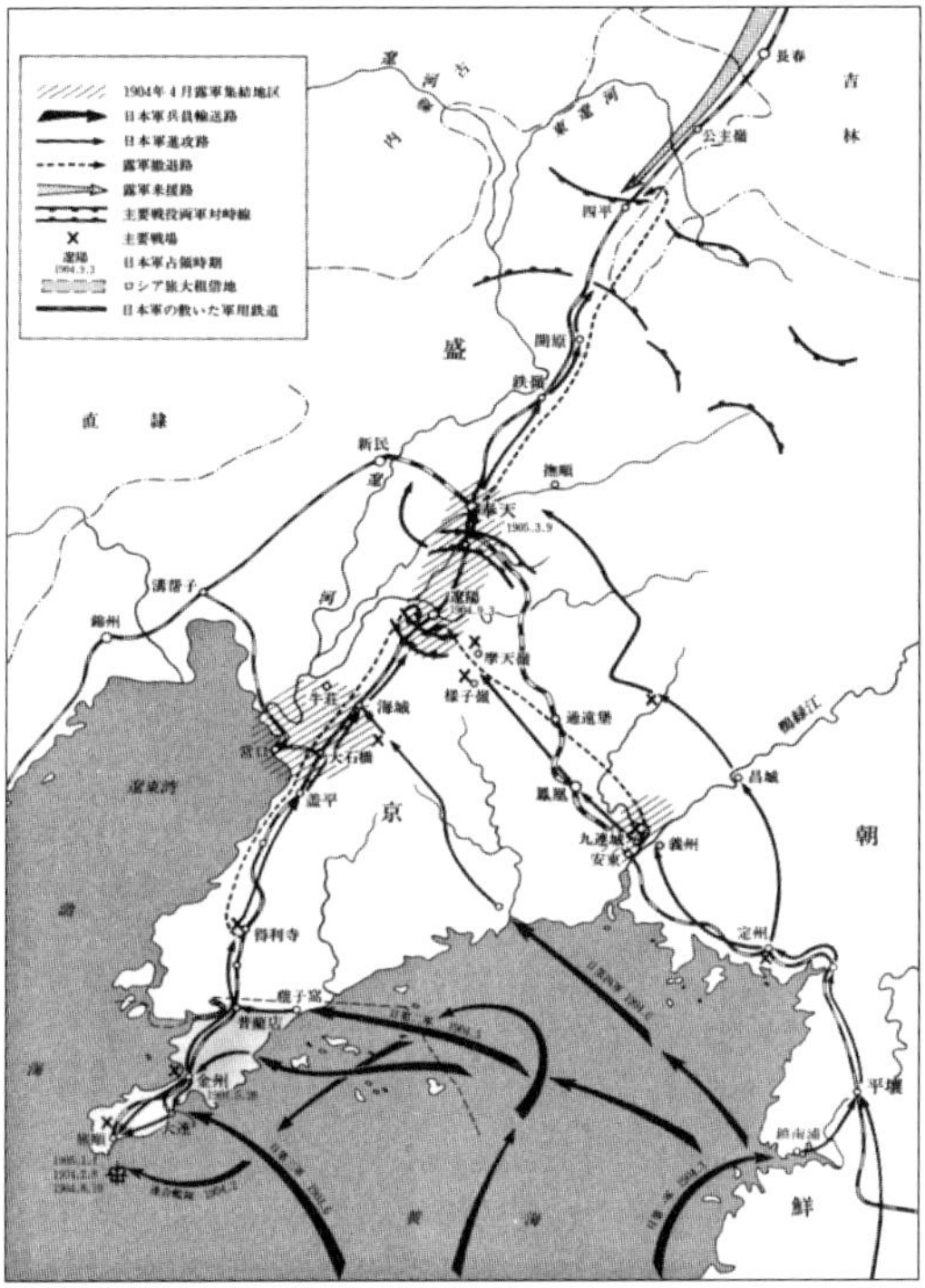

資料14　日露戦争関連地図

46　閔妃は当時の国王高宗の妃、大院君は高宗の父。
47　「壬午軍乱」「甲申政変」も含め、事件が起きた年の干支（注37）で命名されている。
48　一八九五年四月の条約調印に先立ち、日本政府は一月に尖閣諸島の領土編入を閣議決定。

…朝鮮国ヨリ清国ニ対スル貢献典礼等ハ…全《まった》ク之ヲ廃止」することを宗主国である清朝に認めさせます。こうして、中朝の朝貢・冊封関係は終焉し、朝鮮をめぐる争いから清朝が退場します。更に、下関条約では清朝に遼東半島・澎湖列島・台湾の割譲を承認させていますが、そのうち遼東半島はロシアが独仏を誘って行った三国干渉で清朝（中国）に返還されます。こうして清朝に代わってロシアがプレーヤーとして登場、これまで清朝を頼っていた閔妃勢力はロシアに接近。日本は閔妃勢力排除を企図し、閔妃暗殺に至ります（一八九五年）。当然ながら反日運動が激化し、かえってロシアの朝鮮進出を招く結果になります。

こうして日露が衝突し、日露戦争となります（一九〇四年）。**資料14**を見れば、主に戦場となっているのは中国の遼東半島で、日清戦争からは焦点が移っているのが分かります。辛くも勝利した日本は、ポーツマス条約（一九〇五年(49)）で今度はロシアに日本による韓国の保護国化を承認させ、遼東半島および半島を縦断する鉄道の一部の租借や譲渡を認めさせます(50)。一九一〇年には大韓帝国は日本に併合され、朝鮮は日本の植民地となります。

四、日中関係史（具体例）――日中戦争、その背景・展開・顛末

本章タイトルにあるように、ある意味で、近代以降の武力を伴う日本の対中関与、特に日中

戦争が現代中国を形づくった面があります。それはどういう意味なのか、この疑問を念頭に置きながら、進めていきましょう。

ところで、まずこの過程を見ていく中で、日本人として感じがちなモヤモヤした何かについての処方箋を考えてみたいと思います。中国大陸（や朝鮮半島）における（こういう時、日本からは台湾は別枠に見える）「親日」と「抗日」（反日）の構図について、日本人としては、「親日」と聞くと嬉しい一方で、「抗日」「反日」と聞くと嫌な感じがしがちなものです。しかし、近代の展開において、日本による「力による現状変更」の動きに対し、自国の主権を守るために抵抗する勢力や個人に「抗日」「反日」のレッテルを張る一方で、自国の主権をめぐって妥協する動きおよび勢力や個人に「親日」のレッテルを張るのであれば、現地社会における「売国」が日本にとって「親日」で、現地社会における「愛国」は日本にとって「反日」ということになってしまいます。このことは日中間コミュニケーションギャップの一因ともなっていると思われますが、ここから抜け出るために発想の転換をしてみたいと思います。

これから見る近代日本による地域への「力による現状変更」、つまり武力を背景に他者の利

49　一九〇五年九月の条約調印に先立ち、日本政府は一月に竹島の領土編入を閣議決定。

50　遼東半島の南端（関東州）の租借および東清鉄道の南部線（のちの南満洲鉄道）の譲渡。この鉄道の守備隊が後に関東軍となる。関東とは「山海関」（資料5）の東を意味する。

益を侵すことは日本の社会や人や文化の本質ではない。それなのに、日本人が現地社会の自尊を「反日」と呼び、妥協を「親日」と呼び「続ける」とすれば、それは日本人が日本を侮辱することになってしまう。「日本史の中の一時期の逸脱的動き」として批判的に総括するのが日本の尊厳を守ることになるのではないか、と。

「はじめに」で述べたように、本書の内容は、勤務校での講義を基礎としており、その講義内容は受講する学生たちのニーズに応えて次第に形成されてきたものです。その中で学生たちとの〝対話〟を通じて学生たちが中国と向き合うときに、現代日本が中国との間で抱える軋轢を潜在意識的に気にしていることを感じてきました。このことは筆者が中国の言語と文化を専攻として選んで以来、日本人意識を持つ人間として、長年重荷でもありましたから、非常によく分かります。筆者の場合は日中の狭間から脱して、一時期、米国から日本と中国を等距離で眺めた体験が転換点となりました。以下の流れを「私たち」と「彼ら」ではなく、双方を「彼ら」と見ながら、感情の介入を低減することを試みながら進めていきたいと思います。

(一) 日中戦争に到るまで――なぜ「その時」日本軍が中国に「いた」のか?

「その時」とは、日中全面戦争のきっかけとなる盧溝橋事件で銃声が響いた時です。筆者がそうでしたが、皆さんも学校教育で学んだ際に「そこから戦争が始まるなら、なぜその時に日

資料15　八カ国連合軍の各国兵士（右端が日本兵）

本軍が既に北京にいるのか」「なぜ夜中に外国で演習などしているのか」と不思議に思ったことでしょう。「その時」日本軍はなぜ中国に「いた」のでしょうか。

駐兵の開始――義和団事件への介入。西洋列強に伍して

日清戦争に敗れ、軍事的弱さを露呈した清朝中国は列強の利権争奪の舞台となりますが、そのうち山東省ではドイツの青島占領（一八九七年）と付随する軍事・経済的進出で急激な変化と混乱が引き起こされ、困窮した民衆の間に外国勢力への反感が醸成されていました。義和団はこうした背景のもとにこの地に起こり、「扶清滅洋」（洋人をやっつけて清朝を助ける）を掲げて、一九〇〇年には北京に進出し、列強の公使館が集まる地区を包囲します。

これを排除しようと日本を含めた八カ国連合軍(51)が北京を占領し、清朝に駐兵を承認させる辛丑《しんちゅう》和約をのませ

51　英・米・露・独・仏・墺（オーストリア＝ハンガリー帝国）・伊・日の八カ国。計二万の兵力のうち日本が八千を占めた。

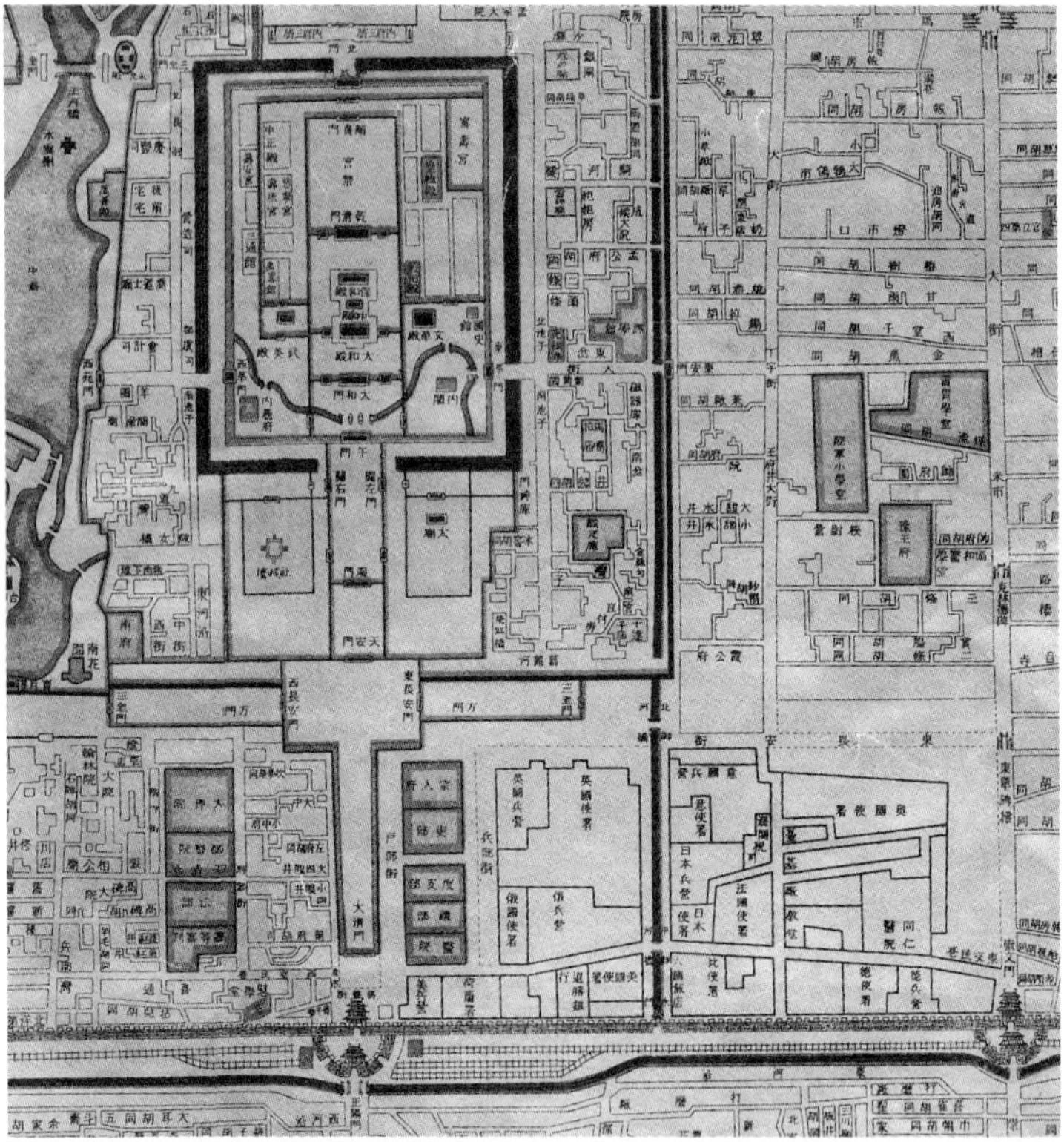

資料16　清朝末期、紫禁城前に布陣する各国の兵営
（「英国兵営」「日本兵営」などが並ぶ）

ます（資料15）。これにより日本は中国大陸に「合法的に」軍を置き始めます。支那駐屯軍です。盧溝橋事件勃発時には約六千名となっていました。紫禁城の門前に列強が軍を置く事態に清朝の威信は地に落ち（資料16）、一九一一年の辛亥革命で清朝は崩壊、翌一二年一月に中華民国が成立します。

中国における利権争奪の主役へ——第一次世界大戦による欧州列強の後退と日本の進出

一九一四年に第一次世界大戦が勃発すると、日本は対独参戦し、ドイツの租借地であった山東半島に出兵します。資料13を見れば、山東半島は日清・日露戦争の舞台であった朝鮮半島・遼東半島と向き合い、軍港・威海衛を持つことから、戦略上重要であることが分かります。翌一五年一月、日本は山東のドイツ権益の継承や満蒙での優先権を求める「二十一カ条要求」を当時の袁世凱政権に突きつけます。列強は第5号（政治・財政に日本人顧問を置くことや中国警察の管理を求める）以外は強く反対しなかったため、五月七日、日本は第5号を削除して最後通牒を突きつけ、袁世凱政権は五月九日ついに受諾します。

一八年一一月に第一次世界大戦が終結すると、翌年一月のベルサイユ講和会議で中国代表団は「旧ドイツ権益の返還」「日華条約」（二十一カ条要求）の取り消しを要求するも却下され、北京の大学生による抗議デモが五四運動へと発展します。これに対し、中国政府が学生を逮捕するなどの弾圧を行ったことで、運動は労働者等より広範な層を巻き込み、全国へ波及していきます。結果として、中国政府は運動の要求に応える形で、二十一カ条受諾に関わった高官の罷免、学生の釈放、講和調印拒否を表明、二二年にはワシントン条約で山東のドイツ権益を中国に返還することが決定されます。

中国史上初めて学生や労働者、市民からなる世論が国政を動かし、中国近代史上初めて中国から西洋への主張が結実したことで、救国運動は盛り上がりを見せます。一九一九年が中国の歴史区分で「現代」(主権回復のための苦闘とその過程)の始まりとされてきた所以《ゆえん》です。

満州建国——日本、中国における権益の確保に動く

中国で主権回復を求める運動が高まりを見せる一方、日本では昭和恐慌(一九三〇年～)により国内が窮乏し、高まった危機感から中国における権益を確保しようとする動きに繋がります。「満蒙は日本の生命線」というスローガンはこの時期の日本の危機感を表しています。こうした危機感を背景に、張作霖《さくりん》爆殺(一九二八年)、満州事変(三一年)、「満州国」建国(三二年)、国際連盟脱退(三三年)という一連の動きが起こり、日中戦争に繋がっていきます。

(二) 日中戦争の発端——「あの一発」までの導火線

日中戦争には、一九三一年の満州事変を起点として考える「十五年戦争」説と一九三七年の盧溝橋事件を起点として考える「八年抗戦」説があります。二者の違いは「関外」(長城の外)

か「関内」（長城の内）かにあります。ここまでの動きは前哨戦といえ、ここからはマクロヒストリーで見てきた、長城に囲われた中国史の心臓部に踏み込んでいきます。

日本軍の「南進」――長城の内（中原）へ進軍。中国政府の不抵抗と市民の抵抗

短期間に広大な地域の支配を実現した日本は、さらなる領域拡大を求めて、軍を南進させ、長城の内へと進軍します。これに対し、当時の国民政府は汪兆銘らの反蒋国民政府や共産党など国内に対抗勢力を抱え、世界恐慌の煽りで海外からの支援が滞る中、いわゆる「安内攘《じょう》外《がい》」（外患より内憂対策を優先）路線を採ります。中共根拠地に三〇年から三四年にかけて計五回の「囲剿《いそう》」（包囲攻撃）を実施する一方で、「敦睦友邦令」（三五年）を制定し、抗日的言論や活動を禁止します。

しかし、列国の眼を満州からそらせる目的で関東軍が起こした第一次上海事変（三二年一月二八日〜）では、現地を守備する国民政府（一九路）軍が上海市民の支援を得て激しく抵抗。結局は日本側に有利な停戦協定が結ばれますが、今日の視点からは、支援物資の提供や負傷者の救護などに学生や市民が奔走して軍を支えるという中国史上初の動きに、王朝世界から国民国家への世界の組換えという「双子のRepublic」の歴史的課題（第一節参照）をめぐる胎動が見えます。

ただ、当時の軍事的動きとしては、翌三三年二月には関東軍は熱河《ねっか》省を占領・併合した上に、

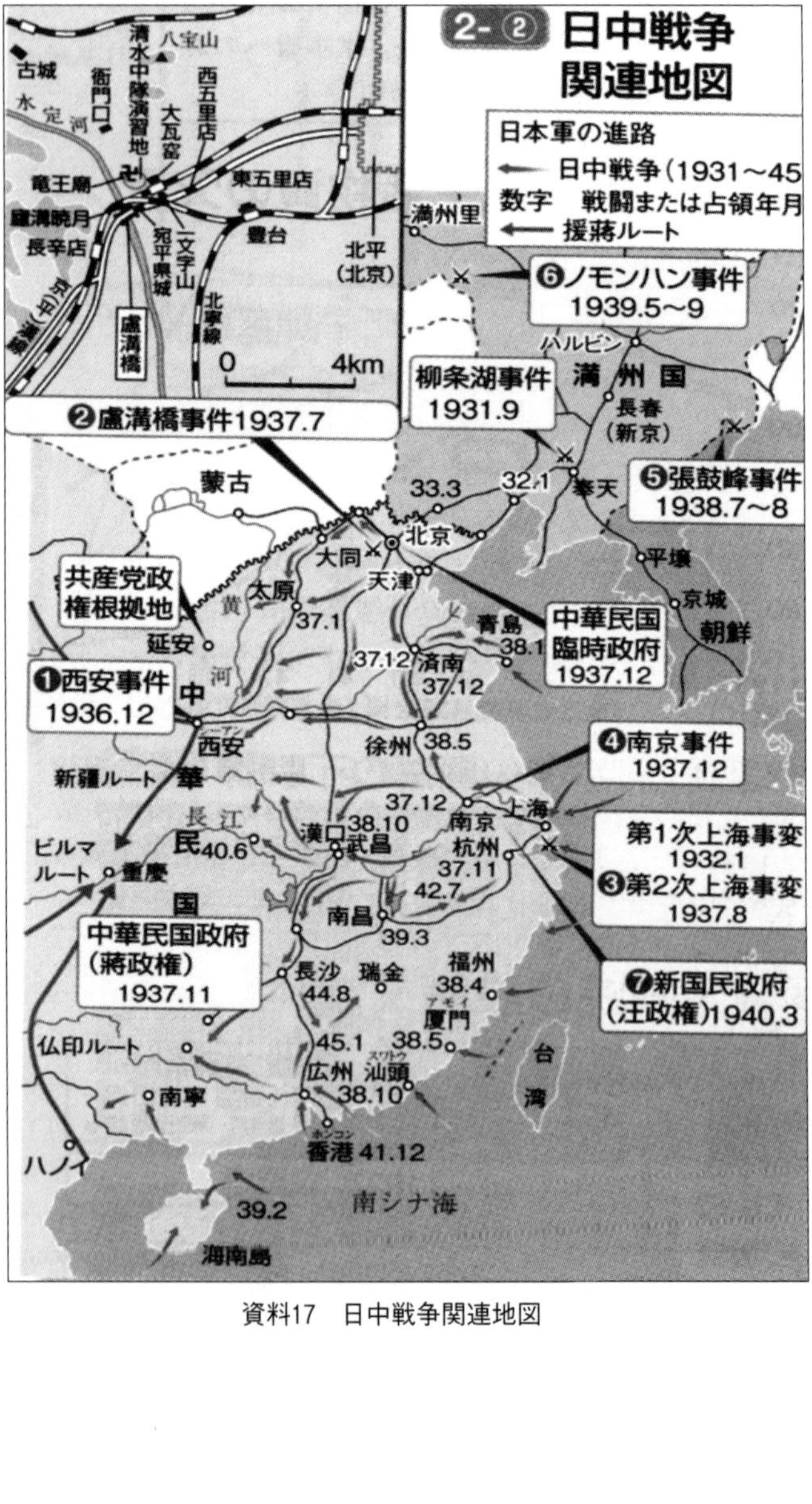

資料17　日中戦争関連地図

長城を越えて「冀東《きとう》」（河北省東北部）を占領し、五月には占領地域の「非武装地帯」化を要求する塘沽協定をのませています。「非武装」とは平和的な響きですが、具体的にはその地域からの現地軍の撤退、つまり日本の軍事的支配下に置くことです。これも実態と乖離したレトリックの一例です。

国難の深刻化――「一致抗日」態勢の渇望

こうして、一九三五年にかけて満州国を拡張する形で「北支分離工作(52)」が進展していきます。深刻の度を深める国難に「一致抗日」を求める声はいやが上にも高まります。三五年一二月九日、北平（今の北京）で「内戦停止、一致抗日」を求める学生運動が起こります（一二九運動）。政府の弾圧にもかかわらず、運動は全国に波及、翌三六年六月に全国各界救国連合会（全救連）が成立し、世界各地の華僑の救国運動にも繋がります。一一月二三日にこの全救連リーダーが逮捕されると（抗日七君子事件）、即時釈放を求める抗議のなかで、有名な「愛国無罪」のスローガンが叫ばれます。

翌二四日には日本軍（関東軍）と蒙古軍（徳王軍）が察哈爾《チャハル》省から綏遠《すいえん》省に攻め入るも敗退（綏遠事件）、こうして抗日への期待が高まる中で、翌月の一二月一二日に西安事件が起こります。首謀者の張学良は関東軍に爆殺された張作霖（前出）の長男です。延安を根拠地とする共

52　満州国と隣接する河北省・察哈爾省・綏遠省・山西省を中国から切り離して、満州国を拡大しようとする作戦。

産軍を攻撃する作戦に当たらされていましたが、督戦に来た蒋介石を西安で監禁、「内戦停止」「抗日七君子釈放」「救国運動解禁」を要求したのです。こうして、翌三七年二月、国民党三中全会で共産党との提携と抗日が決議されるに至ります。

学生たちが一致抗日を訴えた一二九運動といえば、筆者は学生時代に留学先の北京の大学キャンパスで「一二九精神を受け継ごう」というトーチリレーに遭遇した経験があります。一二月の夜の北京はかなり寒かったはずです。顔見知りの学生会の一人を見つけ、何を記念しているのか尋ねると、主催メンバーであるはずなのに「よく知らない」という答え。「なにか日本に関係することなのだ」と察したことでした。

盧溝橋事件おこる――日中双方で高まる苛立ち（ナショナリズム）の衝突

一九三七年七月七日、ついに盧溝橋事件が起こります。北京西郊の盧溝橋付近で日本駐留軍の夜間演習中に銃声がしたのを契機として、翌日から戦闘が始まり、一一日に日本政府は「北支事変」と命名して派兵を決定。関東軍一万、朝鮮駐屯軍一万を動員しますが、この時点では日本本国からの派兵には至っていません。

一五日には中国共産党が国共合作による全面抗戦を呼び掛け、一八日には国民政府の蒋介石が「最後の関頭」声明を出して、これまでの「不抵抗政策」の転換を示唆。二五日には郎坊事件、二六日には広安門事件と、日中両軍の小競り合いが続き、二八日に日本軍（関東軍）が現地保安隊兵舎を「誤爆」、翌日その保安隊による日本側への報復攻撃が起き（通州事件(53)）、日本で「暴支膺懲《ぼうしようちょう》」（乱暴な中国を懲らしめよ）論が高まる中、二八日から三〇日にかけて日本軍（支那駐屯軍）は総攻撃を展開します。

(三) 全面戦争へ――「北支事変」から「支那事変」に

日本軍の増派と中国の「一致抗日」態勢の出現

こうして、七月三一日には国民政府が抗日七君子を釈放して抗日姿勢を示し、八月九日には海軍陸戦隊の大山中尉が中国兵に射殺され、海軍が増派を決定。翌一〇日には陸軍が上海派遣軍（司令官松井石根《いわね》）の派遣を決定。日本本国からの直接派兵へと踏み出します。ただ、この時点では「派兵」とは言わず、「居留民保護」を名目としています。とはいえ、一三日には第二次上海事変、一四日には近衛首相による「暴支膺懲」声明、中国軍の激しい抵抗を受けての日本軍の増派、二二日には第二次国共合作が成立。戦線は局地から全中国へと拡大、日本政府はそれまでの不拡大方針を放棄し、九月二日、「北支事変」を「支那事変」に改称します。

首都・南京攻略戦へ――現場の暴走と中央の追認

53　通州には冀東防共自治政府の本部があったが、七月二八日、日本軍（関東軍）が冀東保安隊兵舎を「誤爆」し、翌二九日、今度は爆撃された保安隊が日本軍の守備隊・特務機関・居留民を攻撃、二二三名が死亡した。

一一月五日には、日本軍約八万が上海を防衛する中国軍の背後を突く形で上海南方の杭州湾から上陸、上海への無差別爆撃と市街戦は激しいものとなります。激戦の末、日本軍が上海を占領し、九日には中国軍は上海戦線から撤退します。この時、中国に駐屯していた支那派遣軍に本土から派遣されてきた第一〇軍を加えた中支那《なかしな》方面軍が創設されます。その任務は「……敵ノ戦争意思ヲ挫折セシメ戦局集結ノ動機ヲ獲得スル目的ヲ以テ上海付近ノ敵ヲ掃滅スルニ在リ」とされました。どこまでが「上海付近」なのか。これが問題となります。

現地司令官松井石根による南京攻撃の進言を東京の参謀本部は許可しませんでしたが、一一月二四日には現地軍が独断で進撃限界線(54)を越えて進軍を始め、結局は現地部隊の命令無視を追認する形で、一二月一日に「敵国首都南京ヲ攻略スヘシ」との大陸命（天皇から陸軍への命令）が出ます。一三日には南京が陥落。中国政府は上海から撤退を始めた一一月一〇日には重慶への遷都を発表しており、陥落前に国民政府は脱出していました。しかし、直前まで首都であった南京には各国の外交官や特派員、宣教団がおり、陥落後に日本軍が行った中国軍捕虜の〝処分〟や敗残兵狩りに伴う民間人の殺害、軍紀の乱れによる性暴力などが写真や映像を伴って発信され、“The Rape of Nanking”として世界に衝撃を与えました。

㈣　膠着状態――「泥沼」の「持久戦」へ

南京陥落を受けて

こうした状況の中でも駐中独大使を介して日中の和平工作が行われていましたが、南京陥落を受け、日本は講和条件をエスカレート。満州国の承認、日本軍占領地の非武装化（前出）、北支五省における日本の経済特権、〝親日派〟による特別行政機構設置、事変の損害賠償等を求めます。更には翌三八年一月一六日「国民政府を対手《あいて》とせず」との近衛声明を出し、中国政府との表立った停戦交渉ができなくなります。こうして、天然の要害・四川盆地にある重慶に遷都した中国政府は徹底抗戦の方針を固めます。

中国大陸での戦線の拡大と日本国内の疲弊

その後、戦線は、三八年には徐州付近に集結していた中国軍の包囲殲滅を狙って、北支那方面軍と中支那派遣軍が南北から挟み撃ちした徐州攻略戦（五月一九日徐州占領）、中国の重工業・金融の中心地を狙った武漢攻略戦（一〇月二六日漢口占領）、香港経由で入る援助・軍需物資の流入阻止を狙った広東攻略戦（一〇月二一日広東占領）と拡大の一途を辿ります。伸びきった戦線は限界点を迎え、戦局は「泥沼」（日本軍側）、つまり「持久戦」（中国側）状態に入ります。日本は部隊に供給すべき兵器や弾薬、諸物資の増産が必要な中で、徴兵による労働人口の減少に直面し、国家総動員法を施行して、国家総力戦体制を執ります(55)。

54　それ以上の進軍を禁止した線。当初は蘇州～嘉興。

㈤　中国をめぐり米国と衝突——真珠湾攻撃～敗戦へ

諸情勢の悪化

一九三九年に入ると、日本を取り巻く国際情勢も厳しさを増します。日本は石油、製鉄原料などの戦略物資の大半を米国から輸入していましたが、同国が日米通商航海条約の破棄を通告（七月二六日）、満州国〝国境〟でノモンハン事件が起こる（五月一一日）などソ連との緊張も激化します。一方、日本国内では盧溝橋事件から三年目に入り、総兵力八五万人を中国戦線に投入して兵力増強は限界に。四〇年には軍事費が国家予算の六四％に達し(56)、米不足・電力不足・インフレなど、国民生活は窮乏の度を加えます。

中国での戦闘と戦局

四〇年には占領地維持が主になり、「事変」初期のような大規模な攻略戦は行われなくなっていますが、陸路からの攻略が困難な重慶に遷都した国民政府に対して、無差別爆撃（一〇一号作戦）が四〇、四一年をピークに五年間にわたって行われ、一万人以上の死者を出していま

55　「労工狩り」と呼ばれる中国からの強制連行・強制労働の背景でもある。外務省管理局「華人労務者就労事情調査報告書」（一九四六年）では三万八九三五人を連行、うち六八三〇人が死亡。
56　一般会計六一億、臨時軍事費特別会計四四億六千万円。太平洋戦争研究会・森山康平編著『図説日中戦争』河出書房新社、二〇〇五年、一三八頁。

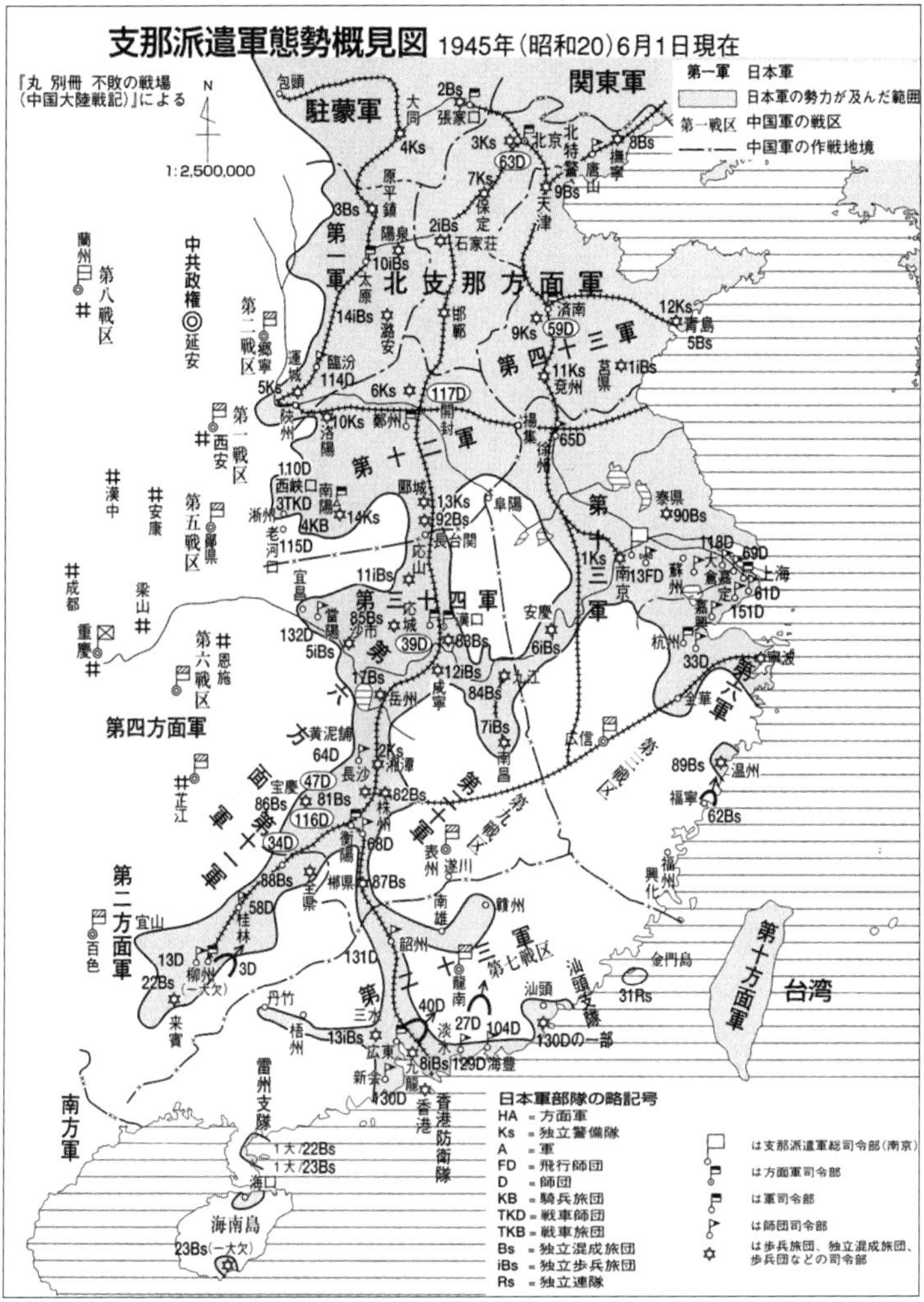

資料18　中国における日本軍の布陣（1945年6月）

す。共産党根拠地があった山西省一帯では抵抗勢力の根絶を企図した作戦が繰り返し行われ、現地では「三光作戦(57)」と恐れられました。

真珠湾攻撃——太平洋戦争〜第二次世界大戦へと繋がる

四一年前半は緊張を緩和しようとする日米交渉も行われましたが、七月に日本軍が南部仏印に進駐すると、米国は対抗措置として在米日本資産を凍結し(七月二五日)、更に対日石油輸出を禁止します(八月一日)。日本政府は対米交渉の一方で、開戦準備も進めます。米国が「ハル=ノート」を提示して中国大陸からの日本軍の撤退(満州事変前に戻す)等を要求すると(一一月二六日)、日本は真珠湾を奇襲攻撃して英米に宣戦(一二月八日)、太平洋戦争が始まります。翌九日には中国の国民政府が日独伊に宣戦布告しますが、日本は対中宣戦布告はせず、「事変」と呼び続けます。

四二年一月には英米ソ中など二六カ国による「連合国共同宣言」が出され、蒋介石が中国戦区最高司令官となり、中国の抗日戦争は世界大戦と結びつくことになります。翌四三年一月、米英は対中不平等条約を撤廃して新条約を締結。一一月に出された米英中三国による「カイロ宣言」では日本の無条件降伏、満州・台湾の返還、朝鮮独立の実現が誓われます。

日本降伏——中国・朝鮮・台湾からの撤退

四五年に入ると、東京大空襲(三月一〇日)、沖縄への米軍上陸(四月一日)、ドイツの降伏(五

資料19　南京における投降式

月七日）、沖縄の日本軍全滅（六月二三日）といよいよ最終局面に入り、米英中がポツダム宣言を発表して、日本の無条件降伏を要求（七月二六日）、鈴木貫太郎首相のポツダム宣言黙殺談話（七月二八日）を経て、広島（八月六日）、長崎への原爆投下（八月九日）の末に、日本はようやくポツダム宣言受諾を連合国側に打電（八月一四日）、天皇による「戦争終結」詔書の放送（玉音放送）が行われます（八月一五日）。米戦艦ミズーリ号上で連合国への降伏文書調印が

57　「殺し尽くし焼き尽くし奪い尽くす」（殺光・焼光・搶光）作戦。「光」とは「し尽くす」と言う意味の中国語。

行われ（九月二日）、中国大陸では南京において日本軍（支那派遣軍総司令官・岡村寧次）の中国軍（中国陸軍総司令官・何応欽）への投降式が行われます（九月九日）（資料19）。この時点で、中国大陸には日本軍（支那派遣軍）一〇五万と日本人居留民約五〇万人がいました。

㈥　日中戦争から見えること

それは「日中戦争」か「抗日戦争」か

本章でその背景・展開・顚末を追った一連の経緯は、日本では「日中戦争」と名付けられています。「戦争」と呼ぶ場合、双方の国益の衝突による武力行使という意味合いになり、「互いにやり合った」「喧嘩両成敗」だ、ということになりそうです。

中国では「抗日戦争」と呼ばれています。侵略してきた外国勢力へのレジスタンスという意味になります。本章で駆け足ながら見たように、戦場となったのは中国大陸のみで、中国軍は日本領土に上陸せず、空爆も行っていません。攻撃（他国領土での武力行使）を行ったのは日本側のみで、中国側が行ったのは自国内での抵抗と反撃のみ。つまり、自国に侵攻してきた外国軍による殺害に限定すると、中国側死者二千三百万人(58)に対し、日本側の死者は日中間で見ればゼロです。「日中戦争」という呼称はこのあまりに非対称な実態を隠蔽《いんぺい》してしまう側面があります。

日中戦争が太平洋戦争～第二次世界大戦へと拡大したことがもたらしたもの

中国は反ファシズム連合の一員となり、連合国からの支援を得るとともに不平等条約の撤廃も果たし、「双子のRepublic」の歴史的課題の一つである主権の回復が進みます。

一方、日本は最終盤で沖縄戦、本土空襲、原爆投下など、連合国の軍事力により甚大な被害を被《こうむ》ったために、戦争の記憶は被害が中心となり、結果として、琉球、朝鮮、台湾の併合や植民地化など武力を背景とした地域秩序再編の試み、第一次大戦以降は中国侵略の主役となったことなど、日本近代の歩みの負の側面や、日中戦争の極度に非対称な実態も隠蔽されてしまったといえます。更に、ミズーリ号上での降伏文書調印がよく知られる一方で、南京での中国軍への投降式はほとんど知られていないように、日中戦争の勝敗も曖昧となっており、大学の教室でも勝者は日本だと思っている学生は少なくありません。

マクロヒストリーの視点から見えてくるもの

未曾有の国難が続き、「救国」の機運が高まっていく過程は「中国人」が誕生し、国民創生という「双子のRepublic」の歴史的課題が成し遂げられていく過程でもあります。曖昧で緩やかな王朝の世界から、明確で強固な国民国家への世界の組み換えはアヘン戦争（一八四〇年）から共和国建国（一九四九年）まで百年を要した（今日もなおその途上にあるとも考えられますが）とさ

58　野口徹郎編『資料中国史：近現代編』（白帝社、二〇〇〇年）、一一七頁。

れますが、中でも日中戦争を中心とした日本の軍事的関与は「中国人意識」の形成に決定的な役割を演じました。

中国全土の平野部のほとんど、つまり人口の九割方が暮らす広大な地域が外国勢力の支配下に入り（資料18）、満州事変からは一五年、盧溝橋事件からでも八年という長い歳月、危機と苦難が高まっていく中で、地域や階層を問わず「中国人」としてその危害を共に被る中で「中国人」意識が形づくられ、上述した「双子のRepublic」の歴史的課題、前近代の王朝から近代の国民国家への世界の組み換えが進展します。これは第一章で見たような王朝期の文化主義（出身地域や血統より文化の受容が重視される）から民族主義への転換をも意味しており、そう考えれば現代中国の諸現象も腑に落ちる点が多くなります。

本書では、戦争が進行した中華民国期の文化について紙幅を割くことができませんでしたが、「抗日戦争」は中国においてちょうどフランス革命（一七八九年〜）やアメリカ独立戦争（一七七五年〜）に匹敵する、国家と国民が生まれるまでの苦難と誇りに満ちた叙事詩となっています。それは当時流行した「義勇軍行進曲[59]」にフランス革命から生まれたフランス国歌「ラ・マルセイエーズ」の直接的な影響が明らかであること、それが後に中華人民共和国の国歌となったことに象徴的に表れています。

なお、本章で駆け足ながら見たように、日本軍による占領支配は「非武装地帯化」の名のもとに、従前からあった現地の行政機関や警察・軍を排除するものでした。その状況下では、日本の圧力に一定の妥協や迎合を余儀なくされる「親日」勢力が発生することになりますが、日本の敗走後は対日〝協力〟は「売国」の疑いを免れません。内戦を経て中華人民共和国を建国したのは、この間、日本の中国支配に最も非妥協的であり、日本軍による過酷な掃討戦の対象であった勢力でした(60)。

日本の中国大陸への軍事的関与は日本近代の歩みの中にあること、現代中国の国歌が象徴するように、その足跡が隣の「国家と国民のアイデンティティ」の核心に存在し続けていること、このこと(日本による中国への軍事的関与とそれがつくり上げたもの)に無知であることが日中間のコミュニケーション・ギャップの一大源泉となっています。

59 許幸之監督「風雲児女」(嵐の中の若者たち)一九三五年の挿入歌。
60 日本軍による華北支配について具体的には、拙著『「北支」占領 その実相の断片―日中戦争従軍将兵の遺品と人生から』(社会評論社、二〇一五年)参照

資料出典

資料1　**地形・気候と都市・住居様式の分布**　中尾佐助『現代文明ふたつの源流：照葉樹林文化・硬葉樹林文化』（朝日新聞社、一九七八年）一四九頁を元に作成。

資料2　**四合院（一進院）**　王其明『北京四合院』（中国建築工業出版社、一九九六年）七九頁。

資料3　**現代漢語分布図**　相原茂・石田知子・戸沼市子『Why?にこたえるはじめての中国語の文法書』（同学社、一九九六年）2頁を元に作成。

資料4　**南北中国：中国領域と北緯32度線**　中国研究所編『中国年鑑』（創土社、二〇〇一年）二五九頁等を参照して作成。

資料5　**清朝の領域**　茂木敏夫『変容する近代東アジアの国際秩序』（山川出版社、一九九七年）一六頁を参照して作成。

資料6　**漢字の書体の変遷——「為」を例に**　湯浅邦弘編著『テーマで読み解く中国の文化』（ミネルヴァ書房、二〇一六年）四四頁。

資料7　**周恩来追悼の花環と詩文**　中国文芸研究会編『原典で読む図説中国20世紀文学』（白帝社、一九九五年）一四七頁。

資料8　**追悼詩「総理を讃える」**　同前、一四七頁。

資料9　**伝統社会における家の構造**　聶莉莉『劉堡：中国東北地方の宗族とその変容』（東京大学出版会、一九九二年）七一頁を元に作成。

資料10　四合院（四進院）　王其明『北京四合院』（中国建築工業出版社、一九九六年）八二頁。
資料11　中華世界秩序（前近代における東アジアの地域秩序）と日本の位置　池田誠他『図説 中国近現代史』（法律文化社、一九九三年）三頁を元に作成。
資料12　諸民族の文字と漢字との関連図　川本芳昭『中国史のなかの諸民族』（山川出版社、二〇〇四年）三〇頁を元に作成。
資料13　日清戦争関連地図　日下部公昭他編『山川　詳説世界史図録』（山川出版社、二〇一四年）二〇九頁
資料14　日露戦争関連地図　池田誠他『図説 中国近現代史』（法律文化社、一九九三年）六七頁
資料15　八カ国連合軍の各国兵士　小川誠一郎編『東アジアⅢ』世界史大系14（誠文堂新光社、一九五七年）二〇九頁
資料16　清朝末期、紫禁城前に布陣する各国の兵営　「老北京胡同詳細図」（「最新詳細帝京輿図」光緒三四・一九〇八年発行）（中国画報出版社）発行年不記載
資料17　「日中戦争関連地図」　詳説日本史図録編集委員会編『山川　詳説日本史図録』（山川出版社、二〇一四年）二七一頁
資料18　中国における日本軍の布陣（一九四五年六月）　太平洋戦争研究会・森山康平編著『図説日中戦争』（河出書房新社、二〇〇〇年）一六一頁
資料19　南京における投降式　同前　一七一頁

参考文献

中国世界の構造

中尾佐助『現代文明ふたつの源流：照葉樹林文化・硬葉樹林文化』（朝日新聞社、一九七八年）
茂木計一郎・稲次敏郎・片山和俊『中国民居の空間を探る』（建築資料研究社、一九九一年）

漢文化

竹内照夫『四書五経入門：中国思想の形成と展開』（平凡社、二〇〇〇年）
野間文史『五経入門：中国古典の世界』（研文出版、二〇一四年）
平田茂樹『科挙と官僚制』（世界史リブレット9）（山川出版社、一九九七年）
湯浅邦弘編著『テーマで読み解く中国の文化』（ミネルヴァ書房、二〇一六年）

悲憤慷慨の系譜

田宮昌子「悲憤慷慨の系譜：〝中国とは何か〟を問う試み」『宮崎公立大学開学10周年記念論文集』（宮崎公立大学開学10周年記念論文集発行委員会、二〇〇四年）
田宮昌子「『悲憤慷慨の系譜』の現在：屈原『像』をめぐる現象と議論から」『中国研究月報』（中国研究所、第69巻、二〇一五年二月）
武田泰淳『司馬遷：史記の世界』（講談社、一九七二年）
高橋和己「表現者の態度Ⅰ：司馬遷の発憤著書の説について」『中国文学論集』（河出書房、一九七二年）

大室幹雄『正名と狂言：古代中国知識人の言語世界』（せりか書房、一九七五年）
村上哲見『中国文人論』（汲古書院、一九九四年）
竹内実『新版　中国の思想　伝統と現代』（日本放送出版協会、一九九九年）
翰光『亡命　遥かなり天安門』（岩波書店、二〇一一年）

ユートピア

滋賀秀三『中国家族法の原理』（創土社、一九六七年）
滋賀秀三「家」尾藤正英編『日本文化と中国』（中国文化叢書　10）（大修館書店、一九六八年）
聶莉莉『劉堡：中国東北地方の宗族とその変容』（東京大学出版会、一九九二年）
成清弘和『日本古代の家族・親族：中国との比較を中心として』（岩田書院、二〇〇一年）

日本が中国と持って来た文化交渉史

茂木敏夫『変容する近代東アジアの国際秩序』（山川出版社、一九九七年）
小川環樹・西田太一郎・赤塚忠編『角川新字源』「漢字音について」（角川書店、一九九四年）
牛島徳次・香坂順一・藤堂明保編『言語』（中国文化叢書1）（大修館書店、二〇一一年）
川本芳昭『中国史のなかの諸民族』（世界史リブレット61）（山川出版社、二〇〇四年）
阿部吉雄『日本朱子学と朝鮮』（東京大学出版会、一九六五年〈一九七五年複製版〉）
鈴木修次『文明のことば』（文化評論出版、一九八一年）
米田雄介編『歴代天皇・年号事典』（吉川弘文館、二〇〇三年）
所功編著『日本年号史大事典』（雄山閣、二〇一七年）

村井章介『東アジアのなかの日本文化』（北海道大学出版会、二〇二一年）
日中戦争――背景・展開・顛末
藤原彰、今井清一編『十五年戦争史』（青木書店、一九八八〜八九年）
池田誠他『図説中国近現代史』（法律文化社、一九九三年）
NHK取材班『幻の外務省報告書：中国人強制連行の記録』（日本放送出版協会、一九九四年）
野口徹郎編『資料中国史：近現代編』（白帝社、二〇〇〇年）
太平洋戦争研究会・森山康平編著『図説日中戦争』（河出書房新社、二〇〇五年）
詳説日本史図録編集委員会編『山川　詳説日本史図録』（山川出版社、二〇一四年）
日下部公昭他編『山川　詳説世界史図録』（山川出版社、二〇一四年）
田宮昌子『「北支」占領　その実相の断片：日中戦争従軍将兵の遺品と人生から』（社会評論社、二〇一五年）

リファレンスブック

溝口雄三・丸山松幸・池田知久編『中国思想文化事典』（東京大学出版会、二〇〇一年）
梅棹忠夫監修『世界民族問題事典』（平凡社、二〇〇二年）
下中邦彦編『アジア歴史事典』平凡社、一九八五年）
国史大辞典編集委員会編『国史大辞典』（吉川弘文館、一九七九〜九七年）
小学館国語辞典編集部編『日本国語大辞典』（小学館、二〇〇〇〜〇二年）

おわりに

本書は、大学の講義で学生たちに語りかける心持ちで書き進めてきました。その中でたびたび心に浮かんだのは、自身が大学で中国の言語と文化を専攻するに至る、高校時代の出発点でした。のちに研究の道に進み、大学で学生たちに講義を続けてきて、いま思うことを本書の最後にお話ししてみたいと思います。

高校生の筆者は、昭和日本のあちこちで見られた商店街の、日本式家屋の表面に洋式の外壁を貼り付けた景観を日本近代の皮相さの象徴のようだと感じていました。日本近現代に顕著な欧米志向への疑問から「日本の」「伝統」に関心を持つようになりますが、きもの、茶道、禅など、日本の伝統文化として一般に喧伝されている事柄は中国由来であるものが殆ど。「日本の独自性はどこにあるのか」と悩み、中国文化を知れば、日本が何を取り入れ、取り入れなかったのか、日本による取捨選択が分かる、独自性が見えてくるはずと、中国に目を向けるようになり、大学では中国文学を専攻しました。

中国世界は広く深く、いざ学び始め、留学もすると、まさにミイラ取りがミイラになったように、全力で向き合ううちに、高校時代の見当はずれな関心はすっかり忘却してしまいました。本書でも不十分ながら反映したように、結局のところ、文化は本来多元的で多様なものであり、外域由来の要素を〝不純〟と考え、それが無い〝純粋な〟状態があり得る、そうあるべきだ、といった考えは無用なばかりか、有害ですらあるでしょう。日本の国学が近代に至ってファシズムと親和性を持ったことはその証左かもしれませんし、近代以前の王朝世界から近代の国民国家へと社会の再編に格闘した末に、文化主義から民族主義に転じた今日の中国社会が国粋や愛国を掲げて偏狭な態を呈するのもそうでしょう。

それが、大学の教室で学生たちからの「日本人が中国文化を学ぶ必要性は?」「現代的意味は?」といった問いに向き合う中で、「日本(の社会と文化)は中国(のそれら)とどのような関係を持ってきたのか」「日本(の社会と文化)にとって中国(のそれら)はどのような存在なのか」という問題を考えることを迫られ、出発点となった高校時代の問いと関心を思い出すようになります。

本書で見てきたように、中国はユーラシア大陸の東約三分の一を占める広大な領域に展開するひとつの世界であり、日本から見える中国は日本が関係を持ったごく一部に過ぎないと言えます。中国から世界を見る時に視界に入る日本に比して、日本にとって中国は巨大な存在であり、日本における中国像はつまるところ竹内好が言った「わが内なる中国」、日本の自意識の中に結ばれた（良きにつけ悪しきにつけ）見たい他者像である面があります（ただし、これは他者像が普遍的に持つ傾向でもあるでしょう）。

日本は中国にどう向き合い、どのように自らを形作って来たのか、日本にとって中国とはどういった存在なのか、具体的には本論で見てきたところです。日本が中国世界の磁場において「統治の圏外」「文化の圏内」に位置することは地理的気候的条件等から来た運命的なものであり、日本の社会と文化はこの中で形成の歩みを進め、その影響は恩恵でもあり弊害でもある。これが「はじめに」で述べた愛憎相半ばする対中感情の土壌であるでしょう。日本の中国像は、日本の社会と文化の形成の歴史をどう自己評価するか、今後どう歩んで行こうとするか、という意識を反映する、日本の問題なのでしょう。

日本の中国像が日本の問題であるなら、日本にとっての客観的な世界認識のために、「内なる中国像」とは別に、他者として日本の外に厳然と実在する中国を世界の中で相対化してみた「外なる中国」像も（中国のためではなく、日本のために）必要でしょう。本書もそのための思索に繋がる一書であればと思います。

[著者略歴]

田宮 昌子（たみや まさこ）

愛知大学大学院中国研究科博士後期課程満期退学。
宮崎公立大学人文学部教授。専門は中国文化論。

みやざき文庫 156

現代日本人のための中国文化論

現代中国現象の歴史的文化的淵源

2025年 1 月17日 初版印刷
2025年 2 月 2 日 初版発行

著　者　田宮　昌子

発行者　川口　敦己

発行所　鉱脈社
宮崎市田代町263番地　郵便番号880-8551
電話0985-25-1758

印　刷
製　本　有限会社　鉱脈社
